LEKTÜRESCHLÜSSEL FÜR SCHÜLER

Gotthold Ephraim Lessing

Emilia Galotti

Von Theodor Pelster

Philipp Reclam jun. Stuttgart

Dieser Lektüreschlüssel bezieht sich auf folgende Textausgabe: Gotthold Ephraim Lessing: *Emilia Galotti. Ein Trauerspiel in fünf Aufzügen*. Anm. von Jan-Dirk Müller. Stuttgart: Reclam, 2001 [u.ö.]. (Universal-Bibliothek. 45.)

RECLAMS UNIVERSAL-BIBLIOTHEK Nr. 15318

Gesamtherstellung: Reclam, Ditzingen
Printed in Germany 2007

ISBN 978-3-15-015318-5

www.reclam.de

Inhalt

1. Hinführung zum Werk

»Was soll ich tun!«, ruft Emilia Galotti, die Haupt- und Titelfigur aus Lessings Trauerspiel, an einem Höhepunkt der dramatischen Handlung und ziemlich genau in der Mitte des Stückes. Der Form nach ist diese Äußerung eine Frage; die Umstände machen sie zu einem Ausruf, der keine Antwort erwartet. Ein Ausrufezeichen schließt den Satz und eine Regiebemerkung empfiehlt der Schauspielerin, die schwierige Lage durch Gestik zu verdeutlichen: »Die Hände ringend« (III,5).

Eine Grundfrage der Ethik

Damit ist die Grundfrage der Ethik – »Was sollen wir tun?« – zugleich aufgenommen, zugespitzt und mit deutlichem Zweifel versehen, ob sie zufrieden stellend beantwortet werden könne. Emilia ahnt, dass sie in eine kritische, wenn nicht aussichtslose Lage geraten ist. Sie ist getrennt von den Instanzen, die ihr bisher beigestanden und geraten haben – so ihr Vater und ihre Mutter –, und sie muss nun aus eigener Kraft handeln und weiß nicht wie.

Die Ethik leitet an, von der Grundfrage »Was soll ich tun?« ausgehend, die jeweilige Situation, in der ein Mensch handeln muss, genau einzuschätzen und dann nach moralisch vertretbaren Lösungen zu suchen, die zu einem erstrebten Ziel hinführen. Dabei zeigt sich, dass weder die Ziele noch die Wege der einzelnen Menschen eindeutig zu bestimmen sind. Aristoteles (384–322 v. Chr.) schreibt zu Beginn seiner *Nikomachischen Ethik*: »[…] jede Handlung und jeder Entschluß scheinen ein Gut vor Augen zu haben. Daher hat man sehr richtig das Gute als das hingestellt, wo-

Ziele menschlichen Handelns

nach alles strebt. Doch es scheint einen Unterschied in den Zielen zu geben.«[1]

Emilia ist nicht die einzige Person in Lessings Drama, die sich vor die Frage nach dem angemessenen Handeln gestellt sieht. Der Prinz, ihr Gegenspieler, fragt seinen Kammerdiener: »Was würden Sie tun, wenn Sie an meiner Stelle wären?« (I,6). Und am Ende des Trauerspiels ruft Odoardo, der Vater, der seine Tochter erdolcht hat, aus: »Gott, was hab ich getan?« (V,7). Nicht auf alle Fragen werden Antworten gegeben. Und wo Antworten gegeben werden, müssen sie nicht einmal angemessen und akzeptabel sein.

Ethik und Politik

Eng verknüpft mit der Frage »Was soll ich tun?« sind zwei weitere Fragen: »Was will ich tun?« und »Was darf ich tun?«. Dass Wollen und Dürfen häufig in einem Spannungsverhältnis zueinander stehen, erfährt jeder Mensch an sich selbst. Dabei steht der nach- und vordenkende, also der gewissenhafte Mensch vor einer weiteren Frage, nämlich: »Wer bestimmt und entscheidet, was ich darf?« Auch diese Frage stellen und beantworten einzelne Personen des Dramas für sich.

Was will, darf und soll ein junger Prinz, der ein Fürstentum regiert? Das ist nicht nur eine Frage der Ethik, sondern auch der Politik. Ist es wirklich so, wie eine der Hauptpersonen erfahren zu haben glaubt, dass ein Fürst »alles darf, was er will« (V,4)? Welche Möglichkeiten bleiben dann den Menschen im Staat, den so genannten »Untertanen«, ihr Leben zu gestalten und ihre Ziele zu verwirklichen?

Ein »bürgerliches Trauerspiel«

Das Drama gilt als »die konkreteste Form der Darstellung menschlichen Verhaltens und zwischenmenschlicher Beziehungen«[2]. Es ist des Weiteren die »konkreteste Art, in welcher wir über die Lage des Menschen in der Welt denken können«.[3] Lessings Drama wurde 17 Jahre vor dem Ausbruch der Französischen Revolution uraufgeführt. Es wurde vom Autor, dem großen Repräsentanten der Aufklärung, als »Trauerspiel« angekündigt. Die Literaturwissenschaft etikettiert es genauer als »bürgerliches Trauerspiel«. Damit ist nicht nur etwas über die Bauart und den Ausgang des Stückes gesagt; vielmehr wird deutlich, dass ein sozialer Stand in den Blick gerückt wird, dessen Selbstbewusstsein noch nicht voll entfaltet ist. Die gestellten Fragen sind jedoch nicht an eine bestimmte Zeit und nicht an eine bestimmte Staats- und Regierungsform gebunden. Sie stellen sich überall, wo Menschen als soziale Wesen nach einem Lebensziel suchen und nach Wegen, dorthin zu gelangen.

2. Inhalt

Das Drama *Emilia Galotti* ist in Prosa verfasst und wurde 1772 im Hoftheater in Braunschweig zum ersten Mal aufgeführt. Es ist in fünf Aufzüge eingeteilt und besteht aus insgesamt 43 Szenen oder Auftritten. Die Handlung spielt in der Mitte des 18. Jahrhunderts in einem absolutistisch regierten italienischen Kleinstaat in der Po-Ebene. Dort regierte das Fürstengeschlecht Gonzaga vom 14. bis zum Anfang des 18. Jahrhunderts. Ein Hettore Gonzaga ist jedoch historisch nicht nachweisbar. Die Tragödie der Emilia Galotti hat ihre stoffliche Grundlage in der römischen Sage vom Tod der Virginia, über den der römische Historiker Titus Livius (59 v. – 17 n. Chr.) berichtet. Dieser Stoff war schon vor Lessing in Frankreich, England, Spanien und Deutschland dramatisiert worden.

Ort und Zeit der Handlung

Der Stoff

Erster Aufzug

1. Am frühen Morgen geht der Fürst Hettore Gonzaga, für heutige Leser missverständlich als »Prinz« angekündigt, in seinem Arbeitszimmer lustlos seinen Amtsgeschäften nach. Klage- und Bittschriften werden abgewiesen, bis eine Bittstellerin Emilia heißt. Der Name genügt, den Fürsten geneigt zu machen und ihn gleichzeitig in solche Unruhe zu versetzen, dass er alles liegen lassen und ausfahren will. Der gerade hereingegebene Brief einer Gräfin Orsina wird kaum

Die Situation des Prinzen

zur Kenntnis genommen, geschweige denn gelesen. Dagegen ist der junge Fürst augenblicklich bereit, den Maler Conti zu empfangen und den gerade gefassten Plan auszufahren wieder aufzugeben.

Der Maler und der Prinz

2.–4. Der Maler Conti hat im Auftrag des Fürsten mit großem Aufwand ein Gemälde der Gräfin Orsina, der Geliebten des Fürsten, angefertigt, das er nun übergeben möchte. Da die Liebe des Fürsten jedoch inzwischen erkaltet ist, kann dieser auch für das Porträt nichts empfinden. Dagegen ist er ganz begeistert von einem Bild, das Emilia Galotti, eine der »vorzüglichsten Schönheiten unserer Stadt«, zeigt, mit dem der Maler Conti aber »noch sehr unzufrieden« ist. Ohne über einen Preis zu verhandeln, kauft der Fürst beide Bilder, bestimmt das Gemälde Orsinas für die fürstliche Galerie und behält das andere bei sich in seinem Kabinett.

5. Vor sich selbst gesteht der Prinz ein, dass er mehr noch als das Kunstwerk die dargestellte Person selbst besitzen möchte.

6. Die Konfliktlage, in der sich der Prinz befindet, wird deutlicher, wenn man erfährt, dass er sich in Kürze im Interesse des Staates und aus politischen Erwägungen mit der Prinzessin von Massa verheiraten wird, dass er – auch deshalb – die Gräfin Orsina verabschiedet hat, dass er aber gleichzeitig wie von Sinnen ist, wenn er an jene Emilia Galotti denkt, die er bei einer Abendgesellschaft kurz zuvor kennen gelernt hat und in die er sich verliebt hat. Marinelli, der Kammerherr, spielt die Konflikte herunter, indem er bezüglich der Gräfin Orsina erklärt, dass man neben der Gemahlin durchaus eine Mätresse halten könne, wenn man wolle. Etwas schwieriger sei es, Emilia Galotti für den

Prinzen zu gewinnen; denn diese Emilia, Tochter rechtschaffener Eltern, werde am Nachmittag mit Graf Appiani, einem reichen und tugendhaften jungen Mann, auf dem Landgut des Vaters, in Sabionetta, vermählt. Marinelli entwickelt dem völlig überraschten und erschütterten Fürsten dann doch einen Plan, wie die Hochzeit verhindert werden könnte.

Übereilte Handlungen

7. Um Emilia noch einmal zu sehen, beschließt der Prinz, in jene Kirche zu gehen, in der Emilia jeden Tag die Morgenmesse hört.

8. Camillo Rota, einer der Räte, erscheint zum Vortrag, trifft aber auf einen geistesabwesenden Herrn und vermeidet es, diesen zu Entscheidungen zu bewegen.

Zweiter Aufzug

Familie Galotti

1.–2. Odoardo, Emilia Galottis Vater, kommt überraschend von seinem Landgut in die Residenzstadt Guastalla, wo Claudia, seine Frau, mit Emilia, der gemeinsamen Tochter, eine Wohnung bezogen hat, um das Leben in der Stadt kennen lernen zu können. Der Vater ist beunruhigt, als er seine Tochter zu Hause nicht antrifft.

Eine Gefahr

3. Pirro, ein Bediensteter Odoardos, wird von Angelo, einem gesuchten Banditen, nach dem Weg ausgefragt, den die Hochzeitsgesellschaft zum Ort der Vermählung von Emilia Galotti und Graf Appiani nehmen wird.

Der Argwohn Odoardos

4. Odoardo und Claudia vergleichen die Möglichkeiten und Gefahren, die das Leben in der Stadt mit sich bringt. Odoardos Besorgnis wird größer, als er hört, dass sich der Prinz auf einer Abendgesellschaft angeregt mit Emilia unterhalten hat.

5. Claudia hält Odoardos Sorge für übertrieben.

6. Odoardo hat sich gerade entfernt, als Emilia verwirrt und atemlos in die Wohnung stürzt: Sie ist während der Messe von einem Mann angesprochen worden, in dem sie nachträglich den Prinzen erkannte. Mit Mühe hat sie sich einer weiteren Unterredung entziehen können. Die Mutter empfiehlt, von dem Vorfall weder dem Vater noch dem Bräutigam zu berichten.

Nachstellung durch den Prinzen

7. Graf Appiani, Emilias Bräutigam, kommt, um einige Kleinigkeiten für die nachmittägliche Feier zu besprechen.

Emilias Bräutigam

8. Graf Appiani ist von unbestimmten Sorgen besetzt. Er fühlt sich bedrängt, den Fürsten über seine bevorstehende Vermählung zu informieren, obwohl er dazu nicht verpflichtet ist.

9. Marinelli ist Graf Appiani in die Wohnung der Galottis gefolgt, um sich angeblich eines Auftrags des Prinzen zu entledigen.

Der Widersacher naht

10. Marinelli und Appiani, die in einem gespannten Konkurrenzverhältnis stehen, geraten hart aneinander, als Marquese Marinelli dem Grafen Appiani den angeblich ehrenvollen Auftrag erteilt, eine Botschaft des Prinzen an den Herzog von Massa zu überbringen, und Appiani den Auftrag mit der Begründung zurückweist, dass am Nachmittag seine Hochzeit mit Emilia Galotti stattfinde. Auf dem Höhepunkt der Auseinandersetzung schimpft Appiani den Kammerherrn Marinelli einen Affen. Einem nach dem Ehrenkodex jetzt notwendigen Duell entzieht sich Marinelli; er hat eine andere Form der Rache im Sinn.

11. Claudia gegenüber spielt Appiani die Bedeutung der Begegnung herunter und erklärt, man könne jetzt »ganz ruhig« zur Hochzeitsfeier fahren.

Dritter Aufzug

Der Überfall auf die Hochzeitskutsche

1. Während Marinelli auf dem Lustschloss des Prinzen in Dosalo von seiner Unterredung mit Appiani berichtet und den Prinzen ausfragt, was er mit Emilia in der Kirche geredet habe, fällt draußen ein Schuss. Marinelli hatte Leute zu einem vorgetäuschten räuberischen Überfall auf die Hochzeitskutsche angeheuert, aus der dann Emilia ›gerettet‹ werden sollte. Der Schuss signalisiert, dass der erste Teil des Plans gelungen ist.

Der Tod Appianis

2. Angelo informiert Marinelli, dass bei dem Überfall Graf Appiani getötet wurde und dass auch Nicolo, der Komplize Angelos, ums Leben kam. Der Marquese sieht sich gerächt; Angelo wird mit dem doppelten Lohn über die Grenze gehen.

3. Der Prinz und Marinelli sehen, wie Emilia voller Furcht auf der Allee dem Schloss zueilt.

Emilia im Lustschloss

4. Emilia wird von Battista, dem Bedienten Marinellis, in den Vorsaal des Lustschlosses geführt, wo Marinelli ihr vorspielt, sich ganz für sie einsetzen zu wollen.

5. Der Prinz kommt hinzu, lässt sich über den Vorfall berichten, entschuldigt sich bei Emilia für sein aufdringliches Verhalten am Morgen und buhlt um ihr Vertrauen.

6. Battista informiert Marinelli, dass Emilias Mutter auf dem Weg zum Schloss sei.

7. Claudia erscheint und erkennt Battista als denjenigen, der Emilia »aus dem Wagen« hob und ins Schloss brachte.

Claudia durchschaut die Intrige

8. Claudia erkennt nun auch Marinelli als denjenigen, der am Morgen im Streit mit Appiani schied. Sie beginnt die Zusammenhänge des »Bubenstücks« zu ahnen, als sie erfährt, dass im Augenblick schon »der Prinz selbst« um Emilia »beschäftiget« ist. Claudia dringt zu Emilia vor.

Vierter Aufzug

1. Der Prinz, der langsam die Ausmaße des Verbrechens begreift, versucht, die Verantwortung für die Untaten allein Marinelli aufzubürden, muss jedoch eingestehen, dass der Auftritt in der Kirche, wenn er allgemein bekannt wird, den Verdacht nahe legt, dass alles in seinem Interesse geschah.

Die Sorge des Prinzen

2. Battista meldet, dass die Gräfin Orsina im Schloss angekommen sei. Marinelli erhält den Auftrag, sie zu empfangen und zugleich abzuweisen.

Orsina, die einstige Geliebte des Prinzen

3. Doch Orsina weiß, dass der Prinz im Schloss ist, und verweist darauf, dass sie sich brieflich angemeldet habe.

4. Der Prinz, der offensichtlich gelauscht hat, erscheint kurz, geht an der Gräfin vorbei und weist Marinelli an, ihm zu folgen.

5. Marinelli bleibt jedoch und geht dazu über, der Gräfin zu erklären, dass ihre Zeit abgelaufen sei und dass eine andere, nämlich Emilia Galotti, an ihre Stelle träte. Da Orsinas

Kundschafter am Morgen beobachtet haben, wie sich der Prinz Emilia näherte, und sie nun erfährt, dass der getötete Graf Appiani Emilias Bräutigam war, schließt sie: »Der Prinz ist ein Mörder.«

Odoardo im Schloss

6. Odoardo kommt hinzu. Er hat von dem vorauseilenden Bediensteten erfahren, dass Graf Appiani »verwundet«, Frau und Tochter hingegen im Schloss des Prinzen »gerettet« seien. Marinelli verspricht, den Oberst Galotti beim Prinzen zu melden.

7. Sobald Odoardo und Gräfin Orsina allein sind, klärt die Gräfin den Oberst darüber auf, dass Appiani tot und Emilia in der Hand des Prinzen sei, nachdem dieser Emilia am Morgen in der Kirche umschwärmt habe. Odoardo ist außer sich und nimmt dankbar den Dolch der betrogenen Orsina, die hofft, dass Odoardo mit diesem Dolch alle Betrogenen und Verlassenen rächen werde.

Claudia zu Odoardo

8. Claudia tritt hinzu, beteuert ihre und ihrer Tochter Unschuld und ist sicher, dass Emilia den Prinzen in Distanz hält. Claudia soll mit der Gräfin zurück in die Stadt fahren. Odoardo wartet auf eine Unterredung mit dem Prinzen.

Fünfter Aufzug

1. Marinelli und der Prinz beobachten aus dem Fenster, wie Odoardo zurück zum Schloss kommt, nachdem er seine Frau und die Gräfin Orsina zu deren Wagen gebracht hat, der sie zur Stadt bringen wird.

Odoardo im Gewissenskonflikt

2. Odoardo betritt den leeren Vorsaal. Er ist unschlüssig, ob er zur Rache befugt ist oder ob »ein ganz anderer« für Gerechtigkeit sorgen werde. Doch Emilia möchte er »retten«.

3. Odoardo erklärt dem eintretenden Marinelli, dass Claudia, seine Frau, nach Guastalla sei, dass er nun auf Emilia warte, die nicht mehr nach Guastalla soll. Darüber, so Marinelli, habe der Prinz zu entscheiden.

4. Während Marinelli den Prinzen herbeiholt, wägt Odoardo seine Vaterrechte gegen die Rechte des Fürsten ab und fragt, ob »der hier alles darf, was er will«.

Eine neue Hofintrige

5. Der Prinz heuchelt dem Vater gegenüber Achtung und Mitgefühl; er selbst möchte »die liebenswürdige Emilie« »im Triumph nach der Stadt« bringen. Odoardo möchte gerade das vermeiden und will Emilia »aus der Welt«, d. h. aus der Nähe des Prinzen und in ein Kloster bringen. Marinelli schaltet sich ein und nennt Gründe, die nahe legen, Emilia bis zu einem Gerichtsprozess in Guastalla, der angeblich die Vorgänge klären soll, »in eine besondere Verwahrung zu bringen«. Der Prinz nimmt die Argumente auf und schlägt seinerseits vor, Emilia genau in das Haus zu bringen, in dem er sie kennen gelernt hat: in das Haus seines Kanzlers Grimaldi. Odoardo, der die Absichten durchschaut, gibt sich einverstanden, möchte allerdings vorher noch einmal seine Tochter sprechen.

Die Unsicherheit Odoardos

6. Während er – allein gelassen – auf Emilia wartet, durchdenkt er seine und seiner Tochter Situation und ist unschlüssig darüber, was zu tun ist. Er ist sich nicht sicher, ob Emilia tatsächlich ganz tugendhaft ist und ob er, der Vater, in die Geschehnisse eingreifen darf.

7. Emilia erfährt jetzt, dass ihr Bräutigam tot ist. Als sie vernimmt, dass sie von ihrer Mutter und ihrem Vater getrennt, »allein in seinen Händen«, d. h. in den Händen des Prinzen, bleiben soll, ist sie entsetzt, verwehrt dem Vater jedoch, den Tyrannen zu töten, sondern sieht als einzigen Ausweg, um ihre Unschuld zu retten und der Schande zu entgehen, den Tod. Auf ihr Verlangen tötet der Vater seine Tochter, um zu verhindern, dass sie durch Selbsttötung schuldig wird.

Die Todesbereitschaft Emilias

Das Entsetzen

8. Als Marinelli und der Prinz in den Saal treten, verstirbt Emilia. Jetzt packt den Prinzen »Entsetzen und Verzweiflung« und er verbannt Marinelli, den »Teufel«, aus dem Land.

3. Personen

Das Stück spielt in einem kleinen, absolutistisch regierten Fürstentum in der Mitte des 18. Jahrhunderts. Der Regierungssitz in einer kleinen Residenzstadt und das Lustschloss in der näheren Umgebung geben die Haupthandlungsorte ab. Der Zuschauer oder der Leser wird also in die höfische Welt des Adels versetzt. Die Haupt- und Titelfigur des Trauerspiels, Emilia Galotti, gehört jedoch nicht in diesen Kreis. Die Familie Galotti steht für die bürgerliche Welt außerhalb und unterhalb des höheren Adels, auch wenn nicht genau zu bestimmen ist, ob die Galottis »begüterte Bürger oder kleine Adlige«[4] sind. Odoardo, der Vater, wohnt auf seinem Landsitz; Mutter und Tochter haben vorübergehend eine Wohnung in der Stadt genommen.

Die höfische Welt

Die bürgerliche Welt

Hettore Gonzaga – der Prinz. Als Erster des Staates, als Fürst, ist der Prinz die ranghöchste Person des Stückes. Er ist nicht etwa, wie das Wort heute zu verstehen gibt, Thronanwärter, sondern der von keinem Gesetz und keinem Parlament abhängige, souveräne Monarch. Er ist unangefochten: Von noch lebenden Vorfahren oder von fürstlichen Konkurrenten oder gar revolutionären Bewegungen ist nirgendwo die Rede. Seine Stellung ist gesichert; er braucht auf niemanden Rücksicht zu nehmen.

Der Souverän

Seiner Aufgabe, den Staat zu lenken, geht er betont lustlos nach. Sich mit »Klagen« und »Bittschriften« (I,1) beschäftigen zu müssen

Willkürherrschaft

hält er für ärgerlich. Er fällt seine Entscheidungen ziemlich willkürlich. Von Verantwortungslosigkeit zeugt, wenn er sozusagen im Vorübergehen bereit ist, ein »Todesurteil« (I,8) zu unterschreiben. Bei einer solchen Einstellung mutet es grotesk an, wenn er Conti, dem Maler, vorhält, dass »der Künstler […] auch arbeiten wollen« (I,2) müsse. Der Fürst benutzt die Aussage »Ich bin beschäftiget« (IV,4 und 5) nur als Ausrede, um einem Gespräch mit der Gräfin Orsina auszuweichen. Ebenso willkürlich, wie er mit politischen und gerichtlichen Entscheidungen umgeht, verfährt er mit der Staatskasse. Er lässt den Maler Conti bestimmen, welchen Preis er für seine Bilder haben wolle, und verweist ihn an seinen »Schatzmeister«, der auf »Quittung […] bezahlen« (I,4) werde, was der Maler fordert.

Das Selbstverständnis des Prinzen

Diese scheinbar souveräne Stellung macht den Prinzen jedoch keineswegs glücklich. Er versteht nicht, dass man ihn und die Fürsten allgemein »beneidet« (I,1). Für ihn steht fest, dass er in einem entscheidenden Lebensbereich unfreier und stärker eingeschränkt ist als alle Personen um ihn herum. Er klagt, dass seine »Vermählung mit der Prinzessin von Massa« bevorstehe und dass sein »Herz […] Opfer eines elenden Staatsinteresses« (I,6) werde. Er hat die Beziehung zu seiner Geliebten, der Gräfin Orsina, aufgegeben und fühlt sich einerseits »behäglicher« und »besser« (I,3). Andererseits ist er von einer neuen Liebe schon besetzt. Als er dem von Conti gemalten Porträt der Emilia Galotti gegenübersteht, bricht es aus ihm heraus: »Wer dich auch besäße, schönres Meisterstück der Natur!« (I,5). Von den Folgen dieses Wunsches, sich um jeden Preis in den Besitz dieser heiß geliebten Emilia Galotti zu bringen, handelt das folgende Drama.

Der Prinz hat Emilia Galotti bei einer Abendgesellschaft seines Kanzlers kennen gelernt, ist offensichtlich in seinem Herzen empfindlich getroffen worden und hat dann noch einige Male Gelegenheit gehabt, die junge Frau in der Kirche von fern zu sehen, während es der Anstand verbot, sie anzusprechen. Um sie tatsächlich für sich zu gewinnen, bedarf es der Intrigen seines Kammerherrn Marinelli, der sich dazu bereitwillig zur Verfügung stellt. Während dieser Marinelli seinen Plan ausheckt, versucht der Prinz noch einmal, eine persönliche Begegnung zu arrangieren: Er lauert ihr in der Kirche auf, flüstert ihr gegen jede Sitte und gegen jeden Anstand sein Liebesgeständnis zu und versucht, sie nach der Messe auf dem Kirchplatz zu sprechen. Aber dies wird von Emilia keineswegs als galantes Gerede, sondern als so unerhörter Angriff empfunden, dass alle Bemühungen des Prinzen nun aussichtslos sind, Emilia auf höfliche Art von seiner Liebe zu überzeugen. Nur das »Bubenstück« Marinellis bringt Emilia in die Nähe des Prinzen.

Die Liebe des Prinzen

Indem sich der Prinz seines Kammerherrn, des Marquese Marinelli, als Handlanger bedient und ihm alle Handlungsfreiheiten gewährt, ihm sogar zusichert, alle Verantwortung für sein Handeln zu übernehmen, macht er sich schuldig. Er, der sich um jeden Preis in den Besitz Emilias bringen wollte, ohne sich selbst die Finger schmutzig zu machen, wird nun vor der Welt als der eigentliche Mörder des Grafen Appiani dastehen, obwohl dieser Mord allein das erklärte Ziel Marinellis war. Der Prinz, der nach eigenem Eingeständnis nichts »gegen kleine Verbrechen« hat, ist letzten Endes Urheber des Verbrechens, bei dem Graf Appiani, der Bräutigam Emilias, und Nicolo, der Helfershelfer

Verantwortungslosigkeit und Schuld

Marinellis, umkommen. Indirekt ist er auch der Urheber von Emilias Tod, die von ihrem Vater erstochen wird, um der Schmach zu entgehen. Die Zerstörung der Familie Galotti geht ganz zu seinen Lasten.

Die persönlichen Schwächen

Die Abhängigkeit des angeblich souveränen Prinzen ist größer, als zunächst deutlich wird. Er ist nicht in sich gefestigt, vielmehr seinen Begierden und Leidenschaften ausgeliefert. Er ist auf seine Räte, seinen Kanzler, den Schatzmeister und die Bedienten angewiesen. Während er jedoch in Camillo Rota einen Rat hat, der ihn vor Unbedachtsamkeiten bewahrt und ihn vor seiner eigenen Leichtfertigkeit schützt, gerät er dadurch, dass er seinem Kammerherrn vertraut und ihn selbstständig planen und handeln lässt, in die schlimmsten Verstrickungen. Der Prinz selbst weicht jeder Auseinandersetzung aus: Er verweigert der Gräfin Orsina eine Unterredung; er fürchtet die Konfrontation mit Odoardo; er traut sich nicht, die ins Lustschloss gebrachte Emilia »wieder anzureden« (III,3), und überlässt auch das Marinelli. Er macht sich zu spät klar, dass er vor der »Mutter«, vor »Emilia« und vor der »Welt« als der eigentliche »Täter« dastehen wird und dass man Marinelli, der den Plan hatte, und Angelo, der den Schuss auf den Grafen abgab, nur als »Werkzeug« (IV,1) ansehen wird. Dieser Fürst ist schwach, empfindsam und galant, aber nicht fähig, Verantwortung zu übernehmen.

Der Prinz – ein Tyrann

Als Alleinherrscher, der nicht an Gesetze gebunden ist und keinem Parlament Rechenschaft schuldig ist, ist er im staatsrechtlichen Sinn ein Tyrann. Nicht allein Brutalität und Gewaltherrschaft machen einen Tyrannen aus, sondern jene Art der Willkürherrschaft, die vorzüglich auf den eigenen Vorteil bedacht ist. Am Ende kommt der Prinz zu der Einsicht, dass es »zum Unglücke so mancher« ist, »dass Fürsten Menschen sind« (V,8). Er mag dabei erkennen und bedauern, dass seine Liebe zu Emilia, als menschliche Schwäche gedeutet, Emilia und ihre Angehörigen ins Unglück gestoßen hat. Dabei verkennt er allerdings, dass es sein Vorsatz war, sie um jeden Preis zu besitzen, und dass seine Möglichkeiten, dies mit Hilfe seiner Werkzeuge gegen Gesetz und Anstand tun zu können, es waren, die ihn als Menschen disqualifiziert und als Tyrannen bloßgestellt haben. Diese Einsicht fehlt, sein Selbstmitleid ist lediglich ein Beleg für seine Uneinsichtigkeit.

Die adlige Herkunft

Marinelli – der Kammerherr. Als Marquese gehört Marinelli dem Adel an. Die italienische Bezeichnung, die auf das deutsche Wort Markgraf zurückgeht, ist mit dem deutschen Grafen-Titel zu vergleichen. Vom Prinzen wird Marinelli ohne Titel angeredet; im Umgang mit Leuten niedrigeren Standes besteht der Marquese auf korrekter Anrede mit Titel (III,8).

Die Rolle am Hof

Am Hof übt er die Rolle eines Kammerherrn aus. An fürstlichen Höfen der damaligen Zeit war es durchaus üblich, dass der Souverän Adlige als Kammerherrn um sich hatte, die zu Diensten aller Art herangezogen werden konnten. Sie ordneten den Tageslauf des Fürsten und begleiteten ihn bei Dienstgeschäften und bei allen Veranstaltungen des Hofes. In seinem Namen empfingen sie auswärtige Gäste und machten Aufwartungen an fremden Höfen. Sie waren an der Gestaltung des Hoflebens entscheidend beteiligt und meist über alles und jeden genau informiert.

Marquese Marinelli darf als die rechte Hand des Prinzen angesehen werden. Der Prinz lässt ihn am frühen Morgen rufen, sich von ihm berichten und raten und weiht ihn in seine persönlichen Dinge ein. Doch sieht er in ihm keinen Freund – »O ein Fürst hat keinen Freund! Kann keinen Freund haben!« (I,6) –, sondern einen besonders treuen und zuverlässigen Diener. Er begibt sich ganz in seine Hand – in dem Augenblick, in dem er ihm genehmigt, alles zu tun, was dazu beiträgt, ihm, dem Prinzen, Emilia Galotti zuzuspielen.

Die rechte Hand, doch kein »Freund«

Dem Marquese kommt dieser Auftrag entgegen. Er ist einerseits enttäuscht, vom Fürsten nicht als Freund eingeschätzt zu werden; andererseits ist er als Höfling darauf aus, möglichst viel Macht am Hof und einen möglichst großen Einfluss auf das Denken und Handeln des Fürsten zu gewinnen. Dabei kommt ihm zugute, dass er einen eigenen persönlichen Diener hat und dass er über Kontakte zu Leuten aus der Unterwelt verfügt, die gegen angemessene Bezahlung für Mord und Entführung zu haben sind. Kein anderes Interesse hat Marinelli, als seinem Herrn alle Möglichkeiten zu eröffnen, an das Ziel der geheimsten Wünsche zu gelangen. Der Plan, der Emilia zugänglich machen soll, indem der Bräutigam durch einen amtlichen Auftrag gebunden wird, ist zwar gemein, aber nicht kriminell. Als dieser erste Streich jedoch misslingt, schreckt Marinelli aber auch vor Kapitalverbrechen nicht zurück.

Der Höfling

Moralische Bedenken scheint Marinelli nicht zu kennen. Er versteht die Skrupel des Prinzen in Dingen der Liebe nicht und meint, dass »neben so einer Gemahlin […] die Geliebte noch im-

Die Amoralität

mer ihren Platz« haben könne und dass Emilia auch verheiratet noch erreichbar sei: »Waren, die man aus der ersten Hand nicht haben kann, kauft man aus der zweiten« (I,6). »Ein Mädchen ohne Vermögen und ohne Rang« (I,6), nämlich Emilia Galotti, ist für Marinelli ohne Reiz und Wert. Geradezu zynisch ist seine Frage an Appiani, ob sich die anberaumte Hochzeit nicht aufschieben lasse, ob – so ist der nicht geäußerte Verdacht – etwas »Unangenehmes« (II,10) vorliege.

Der Rückzug auf Etikette

Während Marinelli weder vor Lügen und Intrigen noch vor kleinen und großen Verbrechen zurückschreckt, achtet er sorgfältig auf höfische Etikette und angemessene Sprachformen. Die Vorwürfe Claudias, der verzweifelten Mutter, tut er ab: »Sie schwärmen, gute Frau.« Und er fügt vorwurfsvoll hinzu: »Aber mäßigen Sie wenigstens Ihr wildes Geschrei und bedenken Sie, wo Sie sind« (III,8). In ähnlicher Art weist er Odoardo zurecht. Nur Orsina kann er auf diese Weise nicht beeindrucken. Für sie ist Marinelli ein »nachplapperndes Hofmännchen« (IV,3). Sie schätzt den Kammerherrn ähnlich ein wie Graf Appiani, für den der Marquese »ein ganzer Affe« (II,10) ist.

Der »Teufel«

Und doch ist mit diesen Charakterisierungen noch nicht das ganze Urteil gesprochen. Dem Prinzen bleibt es vorbehalten, am Ende zu erkennen, dass der, der sein »Freund« sein wollte, in Wahrheit ein »Teufel« (V,8) war. Teuflisch war schon seine Empfehlung, von der »Gewalt« Gebrauch zu machen, in deren Besitz er als »Herr« sei, um Emilia zu gewinnen (I,6). Teuflisch ist das Unternehmen, durch das zwei unschuldige Menschen umkommen und das Claudia, die Mutter Emilias, zusammengefasst »Bubenstück« (III,8) nennt.

Gräfin Orsina war bis vor kurzer Zeit die Geliebte des Prinzen. Dieser gibt zu, er »habe sie zu lieben geglaubt, [...] vielleicht sogar wirklich geliebt« (I,1); doch das sei vorbei. Ein Grund für den Wechsel der Empfindungen wird nicht genannt. Orsina ist Opfer der Lust und der Laune des Fürsten, ist beiseite geschobener Spielball des Prinzen.

Die einstige Geliebte des Prinzen

Als Gräfin gehört Orsina dem Adel an. Sie scheint hochgebildet und selbstbewusst zu sein. Sie hat genug Verstand und Erfahrung, um zu durchschauen, was am Hof gespielt wird. Aber sie ist nicht bereit, sich so ohne weiteres wegschieben und abdrängen zu lassen.

Die adlige Herkunft

Deshalb hat sie Kundschafter angestellt, die den Prinzen beobachten sollen, und brieflich um eine persönliche Aussprache mit ihm gebeten. Obwohl sie sich von Marinelli, dem Kammerherrn, den sie zu dem »Hofgeschmeiß« (IV,3) zählt, nicht abweisen lässt, gelingt es ihr trotzdem nicht, bis zum Fürsten vorzudringen, da dieser jeder Aussprache aus dem Weg geht.

Die gesuchte Aussprache mit dem Prinzen

Orsina ist zugleich bestürzt und verbittert. Es ist nicht von vornherein klar, was sie sich von der Unterredung mit dem Prinzen verspricht. Sie vermutet, dass sie von dem Prinzen seit dem Augenblick verachtet wird, in dem er merkte, dass sie nicht nur lachen, sondern auch denken will. Sie vermutet: »Ein Frauenzimmer, das denket, ist ebenso ekel als ein Mann, der sich schminket« (IV,3). Unter diesen Umständen kann es ihr nicht darum gehen, die Liebe des Prinzen zurückzugewinnen. Eher ist ihr zuzutrauen, dass sie längst einen »Frevel« (IV,3) geplant hat.

Als Orsina dann die Zusammenhänge durchschaut, die zu Graf Appianis Tod und zu Emilia Galottis Entführung gehören, sucht sie einen, der »das ganze Heer der Verlassenen« an dem »Verführer« (IV,8) rächt. In Odoardo sieht sie einen Verbündeten, dem sie vertrauensvoll einen Dolch überreicht. Damit wird deutlich, dass »die betrogene, verlassene Orsina« (IV,8) in Dosalo nicht Aussöhnung suchte, sondern eine Gelegenheit sich zu rächen.

Das Rachegelüst

Orsina durchschaut am deutlichsten von allen Personen die verbrecherischen Machenschaften am Hof. Sie erkennt als Erste in dem Prinz den »Mörder« und in Marinelli den »Teufel« (IV,5). Marinelli beschwört Odoardo vergeblich, nichts auf Orsinas Reden zu geben, da es »mit deren Verstande« (IV,6) nicht recht bestellt sei. In einem ganz anderen Sinn gibt Orsina Marinelli Recht, wenn sie sagt: »[…] wer über gewisse Dinge den Verstand nicht verlieret, der hat keinen zu verlieren« (IV,8). Das, was an diesem einen Tag am Hof des Fürsten Hettore Gonzaga geschah, genügt, um den Verstand zu verlieren.

Orsinas »Verstand«

Camillo Rota steht als »Rat« in Diensten des Fürsten. Er ist bürgerlicher Herkunft und als Beamter mit einem Aufgabenbereich betraut. Er hat bei den Regierungsgeschäften zu helfen, nämlich Bitten und Eingaben zu prüfen, Entscheidungen vorzubereiten und dafür zu sorgen, dass getroffene Entscheidungen ausgeführt werden. Dagegen hat er selbst keine Entscheidungsgewalt.

Ein Beamter

In Camillo Rota hat man einen sorgfältigen, bedächtigen, verantwortungsvollen, wohl schon älteren und abgeklärten

Rat vor sich, der im angemessenen Umgang mit dem Fürsten geübt und in der Sache kompetent ist.

Ein Künstler

Conti, der Maler, ist freier Künstler, gehört dem Bürgerstand an, arbeitet offensichtlich gern für den Hof und für den Fürsten, ist jedoch kein fest angestellter Hofmaler. Er ist darauf bedacht, vor dem Prinzen die Rolle des Künstlers in angemessenem Licht erscheinen zu lassen. Dabei gibt er zu, dass »die Kunst [...] nach Brot« (I,2) geht. Seinem Mäzen gibt er genaue Einblicke in die Probleme künstlerischen Schaffens, ohne dass er sicher sein kann, verstanden zu werden.

»Ein alter Degen«

Odoardo Galotti ist eine am Hof und im Fürstentum bekannte Persönlichkeit. Der Prinz erklärt Marinelli: »Das Geschlecht der Galotti ist groß« (I,6). Odoardo hatte den Rang eines Obersten, ehe er aus dem Dienst schied; er wagte es, dem Fürsten zu widersprechen und sich dessen »Ansprüchen auf Sabionetta« (I,4) zu widersetzen. »Er ist mein Freund nicht«, gibt der Prinz zu, versagt ihm aber nicht die Anerkennung: »Ein alter Degen; stolz und rau; sonst bieder und gut!« (I,4). Von Claudia, seiner Ehefrau, wird Odoardo ähnlich eingeschätzt. Auch sie weiß, dass der Fürst »des Vaters Feind« ist; sie preist oder kritisiert ihn ob »der rauen Tugend«; in ihrem Ausruf »Welch ein Mann!« ist wahrscheinlich ebenso viel bewundernde Anerkennung wie indirekt geäußerte Kritik enthalten (II,5).

Der Familienvater

Odoardo geht ganz in der Rolle des Familienvaters, genauer des Kindesvaters auf. Seine ganze Sorge gilt seiner einzigen und geliebten Tochter Emilia. Er selbst wohnt getrennt von der Familie auf einem Landgut in Sabionetta, seit sich seine Frau Claudia mit der Vorstellung durchgesetzt hat, dass eine standesgemäße Erziehung der Tochter und eine Aussicht auf eine günstige Heirat nur in der Stadt gegeben seien. Odoardo misstraut – im Gegensatz zu seiner Frau – der Stadt und dem Leben am Hof grundsätzlich. Er hält »das Geräusch und die Zerstreuung der Welt« für gefährlich und glaubt, dass »Unschuld und Ruhe« nur auf dem Land zu bewahren und zu gewinnen seien (II,4). Seine Sorge und sein Argwohn sind so groß, dass er fürchtet, jeder Schritt könnte zum »Fehltritt« (II,3) werden. Wenn er seine Frau und seine Tochter in der Stadt besucht, geschieht das weniger aus Liebe als aus dem Bedürfnis nach Kontrolle. Als Claudia berichtet, dass der Prinz über Emilia »mit so vielen Lobeserhebungen gesprochen« habe, steht für ihn fest: »Ein Wollüstling, der bewundert, begehrt« (II,4). Nur mit Mühe unterdrückt er Zorn, Wut und Empörung und bricht den Besuch ab, ehe er Emilia gesehen hat.

Der Argwohn

Als übertrieben scheinen die Sorgen und die Reaktionen des Vaters und man ist geneigt, ihn für einen gänzlich patriarchalisch denkenden Haustyrannen zu halten, bis durch die Entführung Emilias deutlich wird, dass die schlimmsten Befürchtungen Wirklichkeit geworden sind. Odoardo stellt sich den Absichten des Prinzen entgegen und bezweifelt, dass »der hier alles darf, was er will« (V,4). Er ist erleichtert, als er von Emilia hört, dass sie sich eher den Tod wünscht als ein Leben in »Schande« (V,7). Dass er als Vater seine Tochter töten muss, um sie vor der Schande und vor den »Lasterhaften« (V,7) zu bewahren, macht seine Tragik aus.

Ein Haustyrann?

Die Tragik des Vaters

Als »unglücklicher Vater« (V,8) steht Odoardo am Schluss da. Unerreichbar hat sich die Vorstellung erwiesen, dass seine Tochter als Ehefrau des Grafen Appiani fern vom Hofleben auf dem Land ihr Glück machen könne. Um den Preis des irdischen Lebens hat er Emilia – gemäß seiner und seiner Tochter Überzeugung – das ewige Leben gesichert. Dennoch muss er sich fragen lassen, ob er mit seiner Rigorosität und seiner Impulsivität seine Tochter in angemessener Weise auf das Leben in dieser Welt vorbereitet hat.

Tugendrigorismus und Menschenkenntnis

Das grundsätzliche Misstrauen gegen den Hof und die rigorose Ausrichtung auf die Tugendideale haben seine Menschenkenntnis nicht verbessert, sondern geschwächt. So vorbehaltlos er für seinen zukünftigen Schwiegersohn Graf Appiani schwärmt, so grundsätzlich ist er gegen jeden eingestellt, der in Hofdiensten steht. Dass das Haus des Kanzlers Grimaldi eine Lasterhöhle ist, steht für ihn fest, ohne dass es Beweise gäbe. Seiner Frau traut er kein Urteilsvermögen zu. Höchst unsicher ist er in Bezug auf Emilia: Als die Gräfin Orsina zu überlegen gibt, ob Emilia nicht freiwillig mit dem Prinzen gemeinsame Sache mache und mit der Beseitigung des Bräutigams einverstanden sei, hält er das einen Augenblick für möglich. Er merkt nicht, wie er von der Gräfin, die ein Rachewerkzeug sucht, in eine Falle gelockt wird.

Die Unsicherheit Odoardos

Odoardo, der in seinem Haus so stark auftritt, wirkt seltsam unsicher und ungeschickt, wenn er am Hof erscheint. Sein offensichtlich anerzogener Respekt vor der Obrigkeit veranlasst ihn zu unterwürfigem Verhalten sogar Marinelli gegenüber. Im Gespräch ist er weder Marinelli noch dem Prinzen gewachsen. Um seine Tochter Emilia retten zu können, wären Selbstvertrauen, Mut und Tatkraft notwendig. An all dem fehlt es ihm.

Die Tötung seiner eigenen Tochter hält er für eine unglückselige, aber notwendige Tat. Er liefert sich »selbst in das Gefängnis« (V,8) und entfernt sich damit endgültig aus dieser Welt. Dagegen wird er »vor dem Richter unser aller« (V,8) selbstbewusst auftreten, weil er fest davon überzeugt ist, sich angesichts des letzten Gerichts nichts vorwerfen zu müssen.

Vertrauen auf ein letztes Gericht

Claudia Galotti lebt mit ihrer Tochter Emilia »fern von einem Manne und Vater, der euch so herzlich liebet« (II,4), in der Residenzstadt Guastalla. Sie will ihrer Tochter in der Stadt und in der Nähe des Hofes »eine anständige Erziehung […] geben« und sieht ihren Plan dadurch bestätigt, dass Graf Appiani hier Emilia »fand« und nun heiratet (II,4).

Die Vorstellungen einer Mutter

Claudia ist gläubig, unterstützt Emilia in dem Vorsatz, am Morgen der Hochzeit die Messe zu besuchen, ist jedoch nicht von der Strenge und Rauheit ihres Gatten. Sie liebt ihre Tochter und muss sich zurechtweisen lassen, als sie angesichts der bevorstehenden Hochzeit klagt, »diese einzige geliebte Tochter« (II,4) zu verlieren. Sie ist stolz darauf, dass der Prinz »gegen sie so gnädig« war und »von ihrer Schönheit mit so vielen Lobeserhebungen gesprochen« (II,4) hat.

Der Stolz der Mutter

Während ihr Mann übertrieben misstrauisch ist, scheint sie vertrauensselig zu sein. Claudia hat eine andere Vorstellung von den Menschen ihrer Umgebung und eine andere Einstellung zu den Tugendbegriffen. Das aufdringliche Ver-

Gutgläubig und vertrauensselig

halten des Prinzen gegenüber Emilia hält auch sie für einen Frevel. Doch kann sie in dieser Angelegenheit nichts Strafbares bei sich und auch nicht bei ihrer Tochter erkennen. Es macht sie nicht stutzig, dass ihre Tochter eben nicht »mächtig genug« war, dem Prinz »in einem Blick alle die Verachtung zu bezeigen, die er verdient« (II,6). Geradezu fatal ist ihr Vorschlag, weder dem Vater noch dem Bräutigam etwas von der Begegnung mit dem Prinzen zu erzählen. Sie spielt den ganzen Vorfall mit dem Satz »Der Prinz ist galant« (II,6) herunter.

Sicherlich ist Odoardos Zurechtweisung »Claudia! Eitle, törichte Mutter« (II,4) überzogen und impulsiv aus dem Augenblick getan. Claudia ist im Recht, wenn sie auch angesichts der Ermordung Appianis und der Entführung Emilias sagt: »Aber wir sind unschuldig. Unschuldig, in allem unschuldig« (IV,8). Doch darf andererseits festgestellt werden, dass sie mit Sicherheit die Gefahr unterschätzt hat, die in der Stadt und durch einen verliebten tyrannischen Prinzen und seinen Höfling droht.

Ist Claudia ohne Schuld?

Sie durchschaut zu spät – aber immerhin als Erste – das »Bubenstück« (III,8), das man ihnen gespielt hat. Sie klagt Marinelli als »Mörder« und »Kuppler« (III,8) an. In dieser Situation zeigt sie sich als »Löwin, der man die Jungen geraubet«, mehr jedoch als »unglückselige Mutter« (III,8), die gegen Macht und Bosheit nicht ankommt.

Claudia als »Löwin«

Graf Appiani wird von Prinz Hettore Gonzaga geschätzt als »ein sehr würdiger junger Mann, ein schöner Mann, ein reicher Mann, ein Mann voller Ehre« (I,6). Er ist Graf, gehört also dem Hochadel an, stammt aus Piemont, wo er über umfangreiche Güter verfügt, und gehört augenblicklich zum Hof von Guastalla, ohne dass er ein genauer umschriebenes Amt bekleidet. Der Prinz denkt daran, ihn sich »verbinden zu können« (I,6). Doch der Graf hat längst beschlossen, den Hof zu verlassen und in die Heimat zurückzugehen, sobald die Heirat mit Emilia Galotti vollzogen ist. Sosehr der Fürst den Grafen schätzt, so sehr wird er von Marinelli, dem Kammerherrn des Prinzen, gehasst. Es ist nicht unwahrscheinlich, dass Marinelli in dem ranghöheren Grafen mit dem ausgezeichneten Leumund einen Konkurrenten fürchtet, den er gern beseitigt sieht.

Die Herkunft

In der Familie Galotti ist Graf Appiani sehr willkommen. Claudia, Emilias Mutter, ist überzeugt, dass Emilia und der Graf »für einander geschaffen« sind und dass nur in der Nähe des Hofes »die Liebe [sie] zusammenbringen« (II,4) konnte. Auch Odoardo ist glücklich, »diesen würdigen jungen Mann meinen Sohn zu nennen« (II,4). Mehr noch als die Tugendhaftigkeit schätzt er den Entschluss seines künftigen Schwiegersohns, dem Hof- und Stadtleben den Rücken zu kehren und sich mit Emilia aufs Land zurückzuziehen, »wohin Unschuld und Ruhe sie rufen« (II,4). Graf Appiani entspricht ganz den Vorstellungen Odoardos; deshalb ist Odoardo auch überzeugt, dass mit dieser Heirat das Glück seiner Tochter Emilia gesichert sei.

Der willkommene Schwiegersohn

Dass Graf Appiani am Morgen der Hochzeit eher »feierlich« und »ernsthaft« als »heiter« (II,7) ist, muss nicht verwirren. Immerhin gesteht er, »schwanger mit so viel Glückseligkeit für mich« (II,7) zu sein. Was ihm Verdruss berei-

Freiheit und Abhängigkeit

tet, ist, dass ihm von seinen Freunden nahe gelegt wird, seine bevorstehende Hochzeit dem Fürsten offiziell zu melden. Nicht zu Unrecht sieht er darin das Eingeständnis einer Abhängigkeit, die faktisch nicht gegeben ist und die er als anstößig empfinden würde. Tatsächlich weiß der Prinz längst von der Verbindung, auch wenn sie »sehr geheim gehalten worden« (I,6) ist. Trotzdem wollte er offiziell »noch hören, dass er versprochen ist« (I,6). Aber gerade gegen solche überkommenen Erwartungen wehrt sich der empfindsame Graf. Jedem Herrschaftsanspruch, der vom Fürsten ausgeht und der vom Kammerherrn Marinelli überbracht wird, widersetzt er sich. In der Auseinandersetzung mit Marinelli macht er deutlich, dass er im Gegensatz zu Marinelli dem Prinzen keinen Gehorsam schulde, dass er kein Sklave, vielmehr »Vasall eines größern Herrn« (II,10) sei, gemeint ist wohl der Kaiser. Indem er Marinelli als »Affen« beschimpft, hat er einen Kampf angesagt, in dem er umkommt.

Die Liebe zu Emilia

Man muss Claudia glauben, wenn sie sagt, dass nur in Guastalla »der Graf Emilien finden« konnte und dass nur dort »die Liebe zusammenbringen« konnte, »was füreinander geschaffen war« (II,4). Die gegenseitigen Liebesbezeugungen der Brautleute fallen allerdings sehr sparsam aus. Appiani scheint mehr daran gelegen, Odoardos »Sohn zu heißen« (II,7) als Emilia als Braut heimzuführen. Ihm ist wichtig, in Emilia »eine fromme Frau« zu haben; für ihren »Putz« hat er keinen Blick (II,7). Ein besonderes Hochzeitskleid ist ohnehin nicht vorgesehen. Die Hochzeitsfeier, zu der es nicht kommt, hätte eher den Charakter einer ernsthaften Pflichtveranstaltung als den eines heiteren Festes gehabt. Gefasst nimmt Emilia später zur Kenntnis, »dass alles verloren ist« (V,7). Sicherlich durfte sich der Graf von Emilia geliebt wissen. Er wurde ebenso beherrscht geliebt, wie er beherrscht betrauert wird.

Emilia Galotti ist nicht nur Titel-, sondern auch Hauptperson von Lessings Drama, auch wenn ihr Redeanteil geringer ist als der des Prinzen und der des Kammerherrn Marinelli. Emilia Galotti ist – überspitzt gesagt – in jeder Szene gegenwärtig, auch dann, wenn sie nicht auf der Bühne steht.

Die Hauptperson

Für Conti, den Maler, bildet Emilia das Ideal »der weiblichen Schönheit«; ihm ist die Aussage des Prinzen, dass Emilia »mit zu den vorzüglichsten Schönheiten unserer Stadt« gehört, zu relativ und zu vorsichtig (I,4). Sobald der Prinz allein ist, gibt er die Vorsicht auf und schwärmt ohne Vorbehalt von dem Bild Emilias, das auch als Kopie ein »schönes Werk der Kunst« ist, noch mehr aber von der Person als dem »schönre[n] Meisterstück der Natur« (I,5).

Das Attribut der Schönheit

Bei Emilias erstem Auftritt werden dem Zuschauer statt dem Glanz der Schönheit eher die Gefahren bewusst, denen eine so vollkommene Person ausgesetzt ist. Emilia »stürzet in einer ängstlichen Verwirrung« (II,6) in den Saal der Stadtwohnung, ist nicht fähig, einen klaren Satz zu formulieren, und braucht einige Zeit, um die Gedanken zu sammeln und – immer noch ungeordnet – zu erzählen, was ihr geschehen ist. Tatsache ist, dass sie in der Kirche mit Lobpreisungen und Liebesklagen bedrängt wurde, dass sich diesen »Frevel«, wie sie nach einiger Zeit merkte, der Prinz erlaubte und dass dieser Prinz sie nach der Messe in eine Unterredung ziehen wollte. Dies alles hat sie bis zum Äußersten verwirrt. Sie war nicht in der Lage, angemessen

Die Gefahren der Schönheit

zu reagieren: »Meine Sinne hatten mich verlassen« (II,6). Sie ist sich unsicher, ob in ihrem Verhalten schon etwas »Strafbares« lag, ob sie zu einer »Mitschuldigen« wurde, ob »sündigen wollen« auch schon »sündigen« (II,6) ist. Um zu verstehen, was in Emilia vorgeht, muss man sich vergegenwärtigen, dass dieser Überfall am Morgen ihres Hochzeitstages geschieht und dass zur Zeit des Absolutismus Übergriffe der Fürsten auf die Unschuld bürgerlicher Töchter als ein schlimmer Beweis dafür angesehen wurden, dass die Bürger der Willkür der Fürsten ausgeliefert waren. Für das moralische Bürgertum galt es als unverzeihliche Schande, sich auf die Verlockungen eines Prinzen einzulassen.

Die Unsicherheit Emilias

Emilia Galotti ist grundlegend geprägt von den moralischen Vorstellungen des Bürgertums und von den Lehren ihrer Religion. Sie kennt die Gebote und erwartet ein ewiges Leben nach dem Tod. Sie besucht jeden Morgen die Messe, betet zu den Engeln und sucht »Andacht« (II,6). Sie ist zu Treue, Rechtschaffenheit und vor allem zu Gehorsam erzogen. Sie folgt blind der höchst problematischen Empfehlung ihrer Mutter, weder dem Vater noch dem Bräutigam etwas von dem Vorfall in der Kirche zu sagen, und erklärt: »Ich habe keinen Willen gegen den Ihrigen« (II,7). Sie scheint die vom Vater entworfene Lebenskonzeption, nämlich in »Unschuld und Ruhe« (II,4) auf dem Land zu leben, akzeptiert zu haben, Graf Appiani scheint dazu der rechte und durchaus geliebte Partner zu sein.

Die bürgerlichen Moralvorstellungen

Obwohl Claudia, Emilias Mutter, mit der »Stadterziehung« (II,4) eine Erweiterung des Horizonts und eine Verbesserung der Umgangsformen im Blick gehabt haben dürfte, ist Emilia das Leben in der Residenzstadt verdächtig. Im Haus des Kanzlers Grimaldi hat sie die Lebensart der »Lasterhaften« (V,7) kennen gelernt. Angesichts der Gefahr, dort der »Verführung« zu erliegen und die »Unschuld« zu verlieren, entwickelt sie jetzt einen starken »Willen«, mit allen Mitteln – sogar durch Selbsttötung – dieser Gefahr auszuweichen, sich vor einer solchen »Schande« zu bewahren und ihr erstrebtes ewiges Leben nicht aufs Spiel zu setzen (V,7).

Die Angst vor dem Lasterhaften

Die Gefahr, die ihr droht, hat sie erstmals kennen gelernt, als sie im Haus der Grimaldi vom Prinzen angesprochen wurde. Sie muss gemerkt haben, dass der Prinz »von ihrer Munterkeit und ihrem Witz«, vor allem »von ihrer Schönheit« (II,4) angetan war. Trotzdem ist sie höchst erschrocken, als sie später von ebendiesem Prinzen in der Kirche angesprochen wird.

Die Wirkung auf den Prinzen

Sie ist der Situation nicht gewachsen. Sie ist nicht vorbereitet, einem begehrlichen Mann »in einem Blicke alle die Verachtung zu bezeigen, die er verdienet«; erst recht ist sie außer Stande, so dem Prinzen, dem Staatsoberhaupt, entgegenzutreten: »Nach dem Blicke, mit dem ich ihn erkannte, hatte ich nicht das Herz, einen zweiten auf ihn zu richten« (II,6). Es muss unentschieden bleiben, ob hier das Herz, das Blut, die Sinne angerührt wurden oder ob der Verstand versagte, der eine Entscheidung nach den Regeln der Sitte, der Moral und der Lebensklugheit hätte durchsetzen müssen. Weil Emilia nicht bewusst und verantwortlich zu handeln gelernt hat, wird sie Opfer.

Die Unfähigkeit zu selbstbewusstem Handeln

Dass sie dazu werden kann, ist dadurch vorgeprägt, dass sie lange Zeit nur Objekt anderer und nie Subjekt eigener Entscheidungen war. Von einem rauen Vater wurde sie streng erzogen; der Mutter folgte sie in blindem Gehorsam; vom Maler Conti wurde sie gemalt; von Graf Appiani wurde sie »gefunden«, – er will »eine fromme Frau« an ihr »haben« (II,7) – nur ein Marinelli kann meinen, dass sie, Emilia, ihn, den Grafen, »in ihre Schlinge zu ziehen gewusst« (I,6) habe. Glaubhafter ist die Charakterisierung der Mutter, dass Emilia »die Furchtsamste und Entschlossenste unsers Geschlechts« (IV,8) sei. Ihre Furchtsamkeit bestimmt sie bis zu dem Augenblick, in dem sie »nicht ohne Sträuben« (III,5) in die Privatzimmer des Prinzen abgeführt wird. Als sie etwas später ihren Vater trifft, ist sie entschlossen, das ausweglos erscheinende Leben zu beenden. Der Todeswunsch ist ihre eigene Entscheidung; im Tod erst erreicht sie Souveränität.

Emilia – die »Furchtsamste und Entschlossenste unsers Geschlechts«

Die Personenkonstellation

Der Prinz Hettore Gonzaga liebt Emilia Galotti, Tochter eines Obersten außer Dienst, und möchte diese »besitzen« (I,5). Emilia, von den Lehren der Religion geprägt und nach bürgerlichen Wertvorstellungen erzogen, tut alles, um aus »den Händen [des] Räubers« zu »fliehen« (V,7). Von dem Gegensatz Fürst – Emilia und von den gegenläufigen Handlungen, einerseits »besitzen« und andererseits »fliehen« zu wollen, ist das ganze Stück bestimmt.

Der Gegensatz: Fürst – Emilia

Die übrigen Personen sind den Lebenskreisen dieser beiden Hauptpersonen zuzuordnen; sie wirken offen oder verdeckt, direkt oder indirekt am Gelingen oder Misslingen der Absichten des Prinzen und an der Gewinnung oder der Bewahrung von Emilias Lebensentscheidung mit.

Die höfische Welt

Der Fürst steht an der Spitze des Hofes. Zur höfischen Welt gehören der adlige Kammerherr Marinelli und der Rat Camillo Rota, der aus dem Bürgerstand stammt. Auf den Hof ausgerichtet ist aber auch Conti, der freie Künstler, der gern für den Fürsten und dessen Galerie arbeitet. Gräfin Orsina, ebenfalls adlig, spielte eine Rolle am Hof, solange sie die Mätresse des Prinzen war.

Die antihöfische Welt

Emilia Galotti steht für die antihöfische Welt. Der soziale Stand der Galottis ist zwar schwer bestimmbar; doch ist die Familie Galotti ganz zweifellos von bürgerlichen Vorstellungen geprägt. Emilia besucht als streng gläubige Katholikin täglich die Messe und lässt sich von den bürgerlichen Tugenden leiten, vor allem von der des Gehorsams. Darin wird sie unterschiedlich nachdrücklich von Odoardo und Claudia, den Eltern, angeleitet. Odoardo Galotti war einst in Diensten des Fürsten, blieb aber in kritischer Distanz und steht, seit er den Dienst quittiert hat, in direkter Gegnerschaft zum Prinzen.

Der geplante Rückzug aus der »Welt«

Appiani gehört als wohlhabender Graf dem Adel an und ist dem Fürsten zu Diensten bereit, sofern diese erwünscht und ehrenhaft sind. Er hat jedoch Emilia für sich entdeckt, will sie heiraten und dann mit ihr »nach seinen Tälern von Piemont« (I,6) ziehen. Er will also Stadt und Hof verlassen – entweder gemäß eigenen Wünschen oder aus der Einsicht, dass ihm nach der Heirat mit Emilia der Hof und die »Zirkel der ersten Häuser [...] verschlossen« (I,6) sind. Unübersehbar ist jedoch, dass er Emilia liebt, seine künftigen Schwiegereltern schätzt und trotz des Standesunterschieds deren Welt- und Lebensanschauungen teilt.

Der Ausgangspunkt aller Handlungen im Stück ist der Prinz. Der von ihm begehrte Wert ist Emilia. Marinelli, sein Kammerherr, soll den Weg bereiten. Ihm überlässt er die Planung; ihm lässt er »freie Hand« (I,6) und genehmigt ihm im Voraus alles, was er tut. Marinelli spannt in die Intrige seine Bediensteten und Helfer aus dem kriminellen Milieu ein.

Die Intrige

Erstes Opfer der Intrige wird Graf Appiani. Ein weiteres Todesopfer ist Nicolo. Emilia wird zwar dem Prinzen im Lustschloss zugeführt, doch ihre Distanz zum Prinzen ist größer als jemals zuvor. Als das ganze Ausmaß der Intrige erkennbar wird, kann man deutlich zwischen Tätern und Opfern unterscheiden. Opfer sind der getötete Graf Appiani, die entführte Emilia, aber auch deren Mutter und Vater. Täter sind der die Verantwortung tragende Prinz, sein teuflischer Berater und dessen kriminelle Helfershelfer.

Täter und Opfer

Einer weiteren Entehrung, die sie erlitte, wenn sie die Stelle der Gräfin Orsina einnähme, will sich Emilia unter allen Umständen entziehen. Indem der Vater seine Tochter tötet, rettet er sie vor der Schande und vor dem Verlust des ewigen Seelenheils. Er selbst macht sich gemäß den irdischen Gesetzen schuldig, baut aber auf den Ausgleich durch den ewigen Richter.

Das traurige Ende

Personenkonstellation

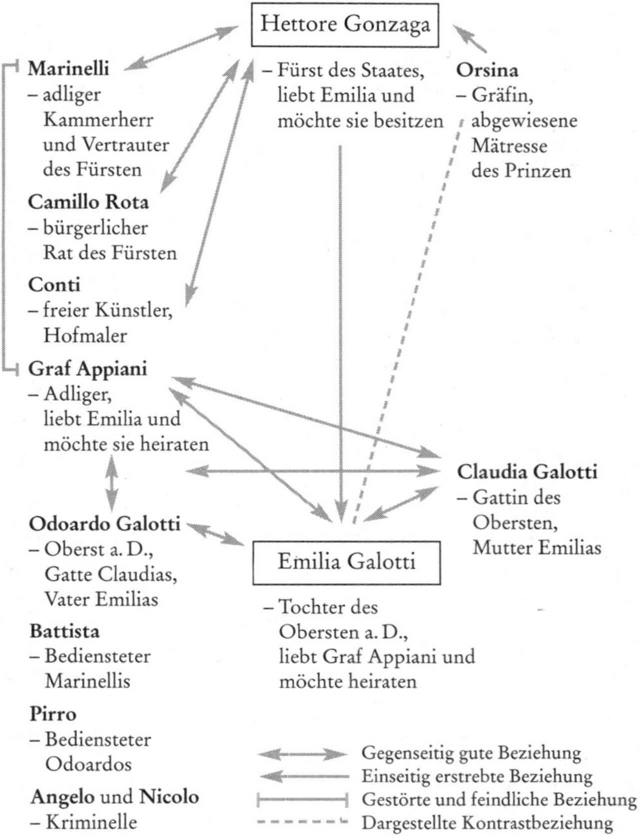

4. Die Struktur des Werks

Ein Meisterstück

Emilia Galotti gilt bis heute als ein »Meisterstück«[5] des bürgerlichen Trauerspiels. Von dieser Gattung, die zwischen 1750 und 1850 sehr geschätzt war, haben sich nur wenige Beispiele auf der Bühne halten können. Es sind dies – außer *Emilia Galotti* – *Miss Sara Sampson*, ebenfalls von Lessing, *Kabale und Liebe* von Friedrich Schiller und *Maria Magdalena* von Friedrich Hebbel[6]. Der Literat und Kritiker August Wilhelm Schlegel sah in *Emilia Galotti* »ein gutes Exempel der dramatischen Algebra« und gab vor, »dieses in Schweiß und Pein producirte Stück des reinen Verstandes«[7] durchaus zu bewundern. Doch ist der kritische Ton nicht zu überhören. Ihm mangelt es bei dem Drama an Poesie. Ganz anders sieht das Gustav Freytag in seinem Werk *Die Technik des Dramas*, in dem er mehrfach *Emilia Galotti* als Beispiel einer vollendeten Dramentechnik anführt:

»Der Dichter der Gegenwart ist geneigt, mit Verwunderung auf eine Methode der Arbeit hinabzusehen, welche den Bau der Scenen, die Behandlung der Charaktere, die Reihenfolge der Effecte nach einem überlieferten System fester technischer Regeln einrichtete. Leicht dünkt uns solche Beschränkung der Tod eines freien künstlerischen Schaffens. Nie war ein Irrthum größer. Grade ein ausgebildetes System von Detailvorschriften, eine sichere in nationaler Gewohnheit wurzelnde Beschränkung in Wahl der Stoffe und Bau der Stücke sind zu verschiedenen Zeiten die beste Hülfe der schöpferischen Kraft gewesen«.

Die Struktur des Trauerspiels kann Einblick in die Arbeitsweise des Dramatikers Lessing geben.

Emilia Galotti bietet in fünf Akten eine in sich abgeschlossene Handlung. Nach einer kurzen Einführung beginnt eine Ereignisfolge, die einem Höhepunkt zustrebt und mit einer Katastrophe endet. Diese Ereignisfolge beginnt am frühen Morgen und ist am späten Nachmittag abgeschlossen. So wird der Schein eines natürlichen Zeitablaufs geweckt. Der Autor wahrt die **Einheit der Zeit**.

»Geschlossenes Drama«: Die drei Einheiten

Er lässt die Geschichte in einem Kleinstaat spielen. Die Entfernungen in der Residenzstadt sind gering. Das Schloss, die Wohnung der Galotti und die Kirche der Dominikaner liegen nah beieinander. In kaum einer Stunde kann der Prinz sein Lustschloss, in wenig mehr Odoardo sein Landgut erreichen. So entsteht auch in räumlicher Hinsicht ein Eindruck der **Geschlossenheit des Ortes**.

Die **Einheit der Handlung** ist schon dadurch gewahrt, dass es in dem ganzen Stück allein um das Begehren des Prinzen und die Abwehr Emilias geht.

Aus der **Exposition**, der Einführung des Zuschauers in die Ausgangssituation der Personen, in Zeit und Ort der Handlung und in die Grundstimmung, erfährt das Publikum, dass ein regierungsunwilliger junger Fürst ganz von einer Emilia Galotti eingenommen ist (I,1), die er einige Wochen zuvor bei einer Abendgesellschaft (I,4) kennen gelernt hat, von der etwas später auch die Mutter dieser Emilia berichtet (II,4). Alles, was man von der Vorgeschichte zusätzlich wissen muss, wird vor Augen geführt, wenn der Maler Conti die Bilder der ehemaligen Mätresse Orsina und der jetzt begehrten Emilia präsentiert (I,3–5).

»Exposition«

Wirkungsvoll ist gleich der »erste Accord nach Eröffnung

»Erster Accord«

der Bühne«[8], wenn der Prinz allein durch den Namen Emilia von den Dienstgeschäften abgelenkt wird und einen Brief der Gräfin Orsina »nimmt [...] und wieder wegwirft« (I,1).

»Erregendes Moment«

Als **erregendes Moment** wird im Drama die Stelle angesehen, an der die Konfliktlage deutlich wird, »wo in der Seele des Helden ein Gefühl oder Wollen aufsteigt, welches die Veranlassung zu der folgenden Handlung wird«[9]. Der Augenblick ist erreicht, als der Prinz erfährt, dass Emilia noch am gleichen Nachmittag mit Graf Appiani vermählt werden und dann mit diesem nach Piemont ziehen soll. Will der Prinz Emilia für sich gewinnen, ist Eile geboten.

Die Handlungsstränge

Es beginnen **zwei Handlungsstränge**. Der erste ist kurz und ohne jeden Erfolg, indem nämlich der Prinz selbst durch Einflüsterungen in der Kirche und eine Unterredung nach der Messe Emilia für sich gewinnen will. Auch eine spätere persönliche Begegnung des Prinzen mit Emilia ist für diesen erfolglos. Der zweite Strang ist der mehrstufige Versuch Marinellis, Emilia in die Hände des Prinzen zu treiben. Auch hier misslingt ein erster Plan, nämlich den Bräutigam auf gemeine, aber legale Art zur Verschiebung des Hochzeitstermins zu veranlassen. Erst dann beginnt die

Die Intrige

eigentliche **Intrige**, »ein raffiniert ausgedachtes, hinterrücks durchgeführtes Manöver mit dem Ziel, den Gegner zu übertölpeln«[10]. Sie bildet die Hauptaktion des Stücks. In der Tragödie gehen solche Intrigen häufig von der moralisch schwächeren Seite aus und scheitern gewöhnlich. Marinelli glaubt zwar kurzzeitig, sein Plan sei aufgegangen, als Emilia ins Lustschloss gebracht wird. Tatsächlich wird in der Szene, in der sich Emilia und der Prinz begegnen und die den **Höhepunkt** der dramatischen Entwicklung überhaupt ausmacht, klar, dass der Prinz nie und nimmer mit der Gegenliebe Emilias rechnen kann. Die Erwartungen Marinellis, dass es der Prinz ziemlich weit »unter vier Augen mit ihr bringt« (III,5), erfüllen sich nicht. Der Prinz scheitert.

Höhepunkt

Damit ist die **Peripetie** erreicht, der »Umschlag des Geschehens [...] in das Gegenteil von dem, was die Situation vorher bestimmte«[11]. Der Abstieg ins Unglück beginnt – für Claudia (»Ich unglückselige Mutter«, III,8), den Vater (»Dein [...] unglücklicher Vater«, V,8), für Emilia, aber auch für den Prinzen, der am Schluss erkennen muss, dass er »zum Unglücke so mancher« (V,8) beigetragen hat.

Peripetie

Der Umschlag des Geschehens ist verbunden mit einem »Umschlag des Nichtwissens [...] ins Wissen«[12], einer **Anagnorisis**, wie der Fachausdruck bei Aristoteles heißt. Claudia erkennt zuerst, welchem »Bubenstück« (III,8) ihre Familie zum Opfer fiel; der Prinz erkennt, dass er in ein »Verbrechen« (IV,1) eingebunden ist; Odoardo erfährt von Orsina die Einzelheiten der Tatbestände »Meuchelmord« und »Entführung« (IV,8).

Anagnorisis

Die **Katastrophe**, der traurige Endpunkt der Handlung, kommt »nicht überraschend« und wird vom Zuschauer »voraus empfunden«[13]. Trotzdem hat die Schlusshandlung für gewöhnlich noch ein **Moment der letzten Spannung**. Nachdem deutlich geworden ist, dass der Prinz nicht bereit ist, Emilia freizugeben, fragt sich Odoardo: »Was

Katastrophe

Moment der letzten Spannung

will ich denn für sie tun?« (V,6). Der Zuschauer mag bei sich einige Lösungen durchdenken, die vom gewaltsamen Befreiungsversuch bis zur verzweifelten Selbsttötung reichen könnten. Kaum jemand dürfte erwarten, dass der Vater seine Tochter im nächsten Auftritt umbringt. Dies aber ist die eigentliche Katastrophe.

Die Geschlossenheit des Dramas und notwendige Ergänzungen

Lessings Drama hinterlässt den Eindruck innerer Geschlossenheit. Der zweimalige Ortswechsel bereitet keine Probleme und ist durch einfache Kulissen deutlich zu machen. Schwieriger ist, solche Zwischenhandlungen, die nicht auf der Bühne gezeigt werden, gedanklich zu ergänzen. Dass Odoardo nach seinem Besuch in der Stadt auf sein Landgut zurückreitet und von dort zum Lustschloss zurückgeholt wird, muss vom Zuschauer erschlossen werden. Auch Marinellis Vorbereitungen für den Überfall auf die Hochzeitskutsche bleiben im Hintergrund. Von den verschiedenen Fahrten, die alle im Lustschloss des Prinzen enden und alle von unterschiedlichen Erwartungen geprägt sind – der Prinz erwartet anderes als Orsina, Marinelli plant anderes als die Hochzeitsgesellschaft –, erfährt man nur beiläufig etwas. Der Überfall wird dem Zuschauer allein durch den »Schuss […] von weitem« (III,1), also aus dem Hintergrund der Bühne, bewusst gemacht. Allerdings weiß er, dass Marinelli etwas vorbereitet hat, wodurch Emilia in die »Gewalt« (III,1) des Prinzen gelangt.

Verdeckte Handlungen

Der Schuss ist der hörbare Hinweis auf eine verdeckte Handlung, deren Einzelheiten erst später klar werden. Eine besondere Herausforderung besteht darin, Gespräche und Handlungen gedanklich durchzuspielen, die zwischen Emilia und dem Prinzen ablaufen, nachdem Emilia dem Prinzen »nicht ohne Sträuben« (III,5) gefolgt ist, und zwischen ihr und der Mutter, die sich gewaltsam zu der Tochter durchgearbeitet hat (III,8), ehe sie dann »so ruhig« (V,7) vor den Vater tritt.

Die Struktur

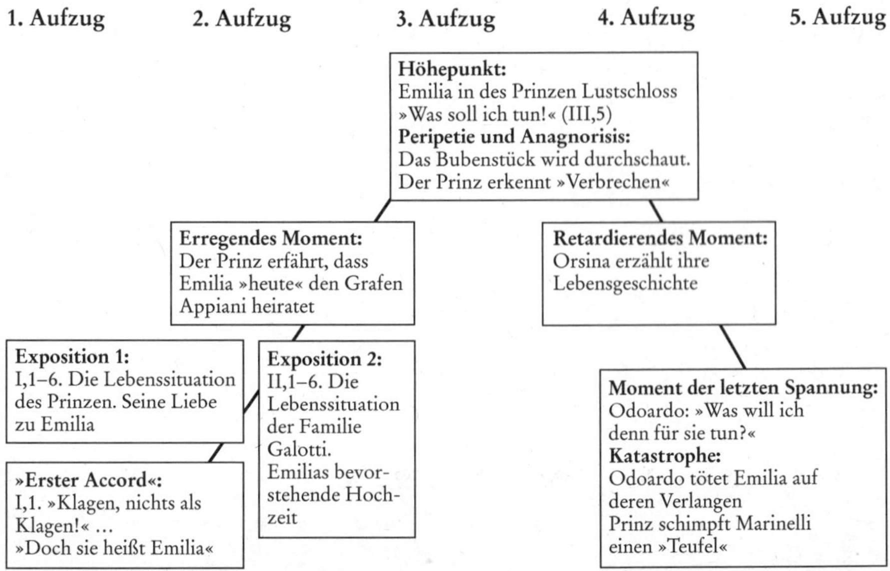

5. Wort- und Sacherläuterungen

»Emilia Galotti« ist als bürgerliches Trauerspiel, nicht als historisches Drama konzipiert: Die handelnden Personen sind erfunden, die Schauplätze zufällig, der Zeitrahmen unbestimmt. Einige Gegebenheiten sind allerdings so gewählt, dass die dargestellten Ereignisse realistisch erscheinen und deshalb besonders glaubhaft wirken. So hat es das Geschlecht der Gonzagas gegeben, das bis 1746 das Fürstentum Guastalla mit der gleichnamigen Residenzstadt – direkt am Po gelegen – besaß. Tatsächlich hatten die Gonzagas ein Lustschloss in Dosalo und erhoben Ansprüche aus Sabionetta. Pisa und Massa als Städte in der Toscana und Piemont als Region sind auf den Landkarten Italiens leicht zu finden.

Trauerspiel: literaturwissenschaftlicher Terminus, der für das altgriechische Wort *tragodia* eingesetzt wurde, inhaltlich mit diesem jedoch nicht identisch ist. Über die Konzeption des »bürgerlichen Trauerspiels« s. S. 53f.

Prinz: vom lateinischen *princeps* ›der Erste, Vornehmste‹ abgeleitet. Als Prinzen gelten im Allgemeinen die nachgeborenen Mitglieder regierender Häuser. Im vorliegenden Drama wird der Fürst selbst als Prinz vorgestellt.

Kammerherr und **Rat:** Ämter am Hof.

Erster Aufzug

5,1–3 **Aufzug, Szene und Auftritt:** literaturwissenschaftliche Termini zur Strukturierung von Dramentexten.

5,2 **Kabinett:** Fremdwort aus dem Französischen mit der

Bedeutung »kleines Gemach, Nebenzimmer«, dann »Arbeitszimmer des Fürsten«; nach der Herausbildung des absoluten Staates zunehmend Ausdruck für das persönliche Regiment des Fürsten mit seinen nächsten Vertrauten.

5,13 **gefodert:** gefordert.

5,19 **Marchese:** italienischer Adelstitel.

6,2 **Läufer:** Vorreiter einer Kutsche oder einer Wagenkolonne, dann auch Bote.

8,24 **Grazie:** Göttin der Anmut.

8,34 **Medusenaugen:** Medusa ist in der griechischen Mythologie ein weibliches Ungeheuer, dessen furchtbarer Blick den Betrachter versteinert.

9,31 **Vegghia:** Abendgesellschaft.

9,36 **Degen:** Krieger.

10,17 **Raphael:** Raffaello Santi (1483–1520), berühmter italienischer Maler der Renaissance, dessen Madonnenbilder viele Bewunderer fanden.

11,10 **Schilderei:** niederländisches Wort für Gemälde, verwandt mit dem deutschen Wort ›schildern‹. Conti sieht in Emilia, die Modell gesessen hat, das Original; das erste Abbild – die Schilderei – hat Vater Odoardo erhalten; die Kopie von der Schilderei zeigt er dem Prinzen. Dieser nennt die Kopie Studio, also Studie oder Übungsstück, um sie als für die Kunstwelt unbedeutend für sich zu behalten.

13,5 **Händel:** abgeleitet von ›handeln‹; gemeint sind Handlungen, die zu einem Kaufgeschäft oder Rechtsstreit gehören und für gewöhnlich Ärger bereiten.

15,21 **Obersten:** früher allgemeine Bezeichnung für einen Heeresbefehlshaber; später wurden die Positionen im Regimentsstab genauer unterteilt.

18,5 **Lustschloss:** Im Gegensatz zum Stadt- oder Regierungsschloss liegt das Lustschloss auf dem Land und ist Ort der Erholung und der Vergnügungen.

18,30 **Dominikaner:** ein vom hl. Dominikus (1170–1221) gestifteter Mönchsorden.

Zweiter Aufzug

22,23 **vogelfrei:** Im Mittelalter wurden gemeingefährliche Verbrecher aus der Lebensgemeinschaft ausgeschlossen. Sie konnten bußlos getötet werden und dienten den Vögeln als Aas.

23,8 **Pistolen:** spanische Goldmünzen.

24,3 **Zeugen:** Gemeint sind Trauzeugen, die durch Unterschrift bestätigen, dass der Rechtsakt der Trauung normgerecht durchgeführt wurde.

24,7 **Equipage:** Luxuskutsche, dann auch Ausrüstung eines Offiziers.

27,24 **Laster:** Allgemein gelten Laster als Anlagen und Handlungen, die den Tugenden entgegengesetzt sind: der Gegensatz zur Tapferkeit ist Feigheit, der Gegensatz zu Wahrhaftigkeit ist Verlogenheit. Im engeren Sinn sind Laster die zur Leidenschaft ausgearteten negativen Triebe und Willensrichtungen, die von zerstörender Wirkung sind.

28,33 **Frevel:** ursprünglich ›Übermut, Gewalttat‹, dann auch ›rechtliche Übergriffe und leichte Vergehen‹.

30,20 **itzt:** jetzt.

31,7 **nehmen:** benehmen.

31,12 **galant:** Ableitung von dem spanischen Wort *galan*, ›vornehm auftretender Liebhaber‹. Also: höflich, ritterlich; aufmerksam, rücksichtsvoll.

35,17 **Durchlaucht:** mitteldeutsche Form des Partizips zu mhd. ›durchliuhten‹, also: ›Durchleuchteter, Berühmter‹. Zusatztitel zu ›Fürst‹.

37,32 **Zeremonie:** Fremdwort aus dem Lateinischen: ›feierliche Handlung, Förmlichkeit‹.

38,10f. **Genugtuung:** Nach mittelalterlicher Vorstellung konnte die Ehre, die durch eine Beleidigung beschädigt war, nur durch einen Zweikampf mit Waffen wiederhergestellt werden. Der Beleidigte hatte das Recht, aber auch die Pflicht, den Beleidiger zum Kampf herauszufordern, um so »Genugtuung« zu erhalten.

Dritter Aufzug

40,19 **Harnisch:** Bezeichnung für den Brustpanzer des mittelalterlichen Ritters. Hier im übertragenen Sinn ›in Kriegsbereitschaft versetzen‹.

41,33 **selbst fünfziger:** fünfzig Leute insgesamt: ich selbst und 49 andere.

43,16 **Schlage:** Wagentür.

43,28 **Kammerherr:** Titel für Edelleute am Hofe.

44,32 **Knicker:** Geizhals.

Vierter Aufzug

54,7 **muss Licht … haben:** muss ›Aufklärung fordern‹.

55,16 **betreten:** ertappen.

58,13f. **auf Kundschaft kommen:** kommen, um auszukundschaften, d. h. zu spionieren.

61,26 **ekel:** Abscheu erweckend.

62,4 **Stock:** Bezeichnung für den Baumstumpf, also den Wurzelstock oder den Klotz, dann auch ›Knüppel, Knüttel‹. Hier wohl als beleidigender Ausdruck im Sinne von ›gefühlloser Klotz‹ gemeint.

62,14 **Vorsicht:** Das göttliche Voraussehen und Vorsorgen für die Zukunft. Der Glaube an die »Vorsicht« ist Teil der christlichen Frömmigkeit und Demut.

67,28 **Schuldigkeit beobachte:** darauf achte, was Aufgabe und Pflicht ist.

68,20 **Madame:** französische Anrede für eine Frau, etwa dem deutschen ›Gnädige Frau‹ entsprechend.

70,25 **Schubsäcke:** Taschen, in die man etwas hineinschiebt.

71,17 **Bacchantinnen:** Begleiterinnen des Gottes Bacchus oder Dionysos, des Gottes des Weins und des Rausches. **Furien:** Rachegöttinnen.

Fünfter Aufzug

75,3 f. **Neidhart:** eine spontane Namen- bzw. Wortbildung, durch die Odoardo als jemand charakterisiert werden soll, der aus Hass oder Neid Streit sucht.

75,27 **Eckel:** heute ›Ekel‹, also: Abscheu.

77,21 **Hofschranze:** abfällige Bezeichnung für eine Person, die am Hof Dienst tut und sich darauf etwas einbildet. Sie will sich durch Kleidung und Benehmen von den Bauern und Bürgern absetzen, obwohl sie in ihrer Lebensgestaltung unfreier als diese ist.

82,10 **Sibylle:** Nach der Vorstellung der Griechen und Römer waren die Sibyllen weissagende, gottbegeisterte Frauen, die an mehreren Orten in Orakelsprüchen Hinweise auf die Zukunft gaben.

83,15 **Possenspiel:** Posse ist ein frühneuhochdeutsches Wort für Scherz und bezeichnet dann eine besondere Art der Komödie. Die alten Fastnachtsspiele galten danach als Possenspiele.

86,19–21 **Ehedem gab es wohl einen Vater … senkte:** Anspielung auf die von dem römischen Historiker Livius überlieferte Virginia-Geschichte, die den Stoff einer Vielzahl von Dramen bildet. – Der tyrannische Decemvir Appius Claudius hatte sich in die schöne Tochter des plebejischen Kohortenführers Lucius Virginius verliebt, konnte sie aber nicht gewinnen. Sein Schützling Marcus Claudius erklärte sie auf dem Forum zur Tochter einer seiner Sklavinnen und wollte sie als seine Sklavin verschleppen. Das wurde durch das Volk verhindert, bei dem der Vater und der Verlobte des Mädchens in hohem Ansehen standen. So zog man vor den Richterstuhl des Appius. Nur das Eintreten des Verlobten und der Unwille des Volkes schoben das Urteil bis zum Eintreffen des Vaters auf. Appius Claudius sprach am nächsten Tag ohne weitere Verhandlung Virginia dem Marcus Claudius zu. Lucius Virginius ergriff daraufhin ein Messer und erstach seine Tochter, indem er ausrief, dass dies das letzte Mittel sei, ihre Freiheit zu retten. Diese Ereignisse führten zum Sturz und Selbstmord von Appius Claudius (449 v. Chr.).

6. Interpretation

Tragödie oder Trauerspiel

In den Briefen, in denen Lessing sich anfänglich über die Entstehung eines neuen Theaterstücks äußert, spricht er abwechselnd von der Arbeit »an einem Trauerspiel« – so an Moses Mendelssohn am 22. Oktober 1757[14] – und von einer »Tragödie« – so an Friedrich Nicolai am 25. November 1757[15]. Nun gilt allgemein das deutsche Wort Trauerspiel als Ersatzwort für den altgriechischen Terminus Tragödie. Doch ist der Wechsel der Bezeichnung mehr als eine sprachliche Übersetzung.

»Tragödie« bei den Griechen

Ein wichtiger Bezugspunkt aller Diskussionen, die über die Bedeutung des Theaters und über die verschiedenen Arten des Dramas geführt wurden, sind bis heute die Griechen, bei denen sowohl die Komödie als auch die Tragödie entstanden ist und bei denen beide Dramentypen einen kulturellen Gipfelpunkt erreicht hatten. Im Lauf der Zeit setzte sich dann der Gedanke durch, dass »die Gattung, die aus einem ganz andern Kulturkreis […] in das Europa der Renaissance importiert wurde, […] der Interpretation und Adaption«[16] bedurfte. Es ging nicht mehr an, die Schicksale antiker Helden und deren Beziehung zu den griechischen Göttern auf die Bühne zu bringen, wenn man das zeitgenössische Publikum für sich gewinnen wollte. Auch die Erklärung des Aristoteles, dass die Tragödie »Furcht und Schrecken« hervorrufe und dadurch eine »Reinigung der Affekte«[17] bewirke, konnte nicht einfach aus dem Weltbild der Griechen mit ihrem Götter- und Schicksalsglauben in die mitteleuropäische Vorstellungswelt des 18. Jahrhunderts übertragen werden.

Das Ziel des Trauerspiels: Mitleid erwecken

Für Lessing, der die Diskussion über die Bedingungen und Möglichkeiten des Theaters seiner Zeit entscheidend prägte, bestand »die ganze Kunst des tragischen Dichters« darin, »unsere Fähigkeiten, Mitleid zu fühlen«,[18] zu erweitern. Er schreibt:

»Der mitleidigste Mensch ist der beste Mensch, zu allen gesellschaftlichsten Tugenden, zu allen Arten der Großmuth der aufgelegteste. Wer uns also mitleidig macht, macht uns besser und tugendhafter, und das Trauerspiel, das jenes thut, thut auch dieses, oder – es thut jenes, um dieses thun zu können.«

Von dieser grundsätzlichen Position ist auch das Vorhaben geprägt, das zu *Emilia Galotti*, einem »Trauerspiel in fünf Aufzügen«, führte.

Der Stoff und seine Bearbeitung

Lessing übernahm einen Stoff, der aus der Antike stammte und der schon mehrfach bearbeitet worden war. Doch wollte er diesen weder zu einer Tragödie alten Stils noch zu einem Historienstück gestalten. Er versetzte die Geschichte, in der sich ein Vater gezwungen sieht, seine eigene Tochter zu töten, in eine Zeit und in eine Umgebung, von der sein Publikum eine Vorstellung haben konnte. Das, was auf der Bühne geschieht – der Tod Appianis, die ausweglose Lage Odoardos, der Tod Emilias –, sollte bei den Menschen seiner Gegenwart Mitleid erwecken.

Um das zu erreichen, bedient sich Lessing durchaus solcher Mittel, die sich auch schon im antiken Theater bewährt hatten. Doch bedeuteten ihm die so genannten Regeln, die in den Poetiken überliefert waren, keine dogmatisch zu befolgenden Anweisungen, sondern handwerkliche Möglichkeiten, um den höher veranschlagten Zweck zu erreichen.

Die erste Konzeption der *Emilia Galotti* war darauf ausgerichtet, den »Preis für eine Tragödie in deutscher Sprache«[19] zu gewinnen. Als Lessing später das lange liegen gebliebene Stück vollendete und auf die Bühne brachte, wollte er damit der Herzogin von Braunschweig-Wolfenbüttel einen Wunsch erfüllen, die ihn »um eine neue Tragödie gequält«[20] hatte. Ziel der Überlegungen war also, mit dem Stück *Emilia Galotti* vor Instanzen zu bestehen, die Kenntnis von der antiken Tragödie hatten und die nun etwas Neues, aber Vergleichbares erwarteten: ein Trauerspiel.

Emilia Galotti *als »neue Tragödie«*

Fraglich war, mit wem das Publikum Mitleid haben sollte. In der antiken Tragödie – so etwa im *König Ödipus* von Sophokles – waren es Herrscher und Herren, die dem Schicksal und den Göttern ausgeliefert waren und deren Ende Furcht und Schrecken erregte. Im Mittelpunkt des Trauerspiels von Lessing steht eine junge Frau, die bis zu diesem Tag im Haus der Eltern wohnte, die genau an diesem Tag einem Grafen vermählt werden soll und die dann an diesem Tag ihren Bräutigam und das eigene Leben verliert. Der Blickpunkt hat sich entscheidend verschoben. Nicht der adlige Prinz ist Mittelpunkt des Stücks – er wird im Personenverzeichnis erst an vierter Stelle genannt –, sondern Emilia Galotti und deren Eltern Odoardo und Claudia Galotti, die konsequenterweise die ersten Stellen im Personenverzeichnis einnehmen.

Im Mittelpunkt: eine junge Frau

Lessings Vorhaben war von vornherein darauf ausgerichtet, »eine bürgerliche Virginia« (s. o. Kap. 5: 86,19–21) auf die Bühne zu

Emilia: eine bürgerliche Virginia

bringen; er war überzeugt, »daß das Schicksal einer Tochter, die von ihrem Vater umgebracht wird, [...] für sich schon tragisch genug, und fähig genug sey, die ganze Seele zu erschüttern«[21]. Tatsächlich sind am Ende des Spiels Emilia und ihr Vater die am meisten zu Bedauernden. Ob damit die Geschehnisse als »tragisch« zu bewerten sind, mag diskutiert werden. Einer weiteren Diskussion wäre die Frage wert, in welchem Sinne hier von »Schicksal« gesprochen wird. Schließlich ist zu klären, was Emilia Galotti zu einer bürgerlichen Virginia macht. Ausdrücklich weigert sich Odoardo, das Stück »wie eine schale Tragödie zu beschließen« (V,8), indem er sich selbst das Leben nähme. Er setzt immer noch auf eine ausgleichende Gerechtigkeit »vor dem Richter unser aller« (V,8) – eine Vorstellung, die mit der Konzeption der altgriechischen Tragödie nichts zu tun hat.

Höfische Gesellschaft und bürgerliches Familienleben

Der Hof als Schauplatz

Für vier von fünf Aufzügen bietet der Hof den Schauplatz der Handlung: Der erste Aufzug führt in das »Kabinett des Prinzen«, in einen Raum des Residenzschlosses also, der als Arbeitszimmer des Fürsten dient. Seit der Herausbildung des absoluten Staates bildet das Kabinett den Mittelpunkt des persönlichen Regiments des Fürsten; nur geheime Räte und vertraute Helfer haben Zugang zu ihm. Vom dritten bis zum fünften Akt bildet das »Lustschloss des Prinzen« den Handlungsraum. Hier geht es um Genuss, Freude und Glück, um Wünsche und Begierden, deren Erfüllung den höchstmöglichen Glückszustand in Aussicht stellt.

Der Prinz ist Alleinherrscher. Er ist nicht in dem Sinn Tyrann, dass er eine brutale Gewaltherrschaft ausübt, wohl aber in jenem, dass er unbeeinflusst von seinen Räten nach reiner Willkür entscheidet, welche Bittschriften positiv und welche negativ beschieden werden, welche Summen aus der Staatskasse dem Maler angewiesen werden und wann ein Todesurteil unterschrieben wird und wann nicht. Dem Staatsinteresse fügt er sich, wenn er eine »Vermählung mit der Prinzessin von Massa« (I,6) eingeht. Ungeachtet dessen lässt er sich von seinen Empfindungen bestimmen, wenn es darum geht, Emilia für sich zu gewinnen.

Der absolute Herrscher

Der Fürst schrickt »vor einem kleinen Verbrechen nicht« (IV,1) zurück – vorausgesetzt, es wird nicht öffentlich und schadet weder seinem Ansehen noch seiner Machtstellung. Intrigen und Ränkespiele sind Teil des Herrschaftssystems. Sofern sie Erfolg bringen, sind sie legitimiert. Die Erweiterung der Macht und die Erfüllung aller Wünsche sind die am meisten erstrebten Ziele.

Intrigen und »kleine Verbrechen«

Für die Räte und Helfer ist existenziell wichtig, sich die Gunst des Herrschers zu erhalten. »Sich bücken, schmeicheln und kriechen« und die Konkurrenten »auszustechen suchen« (II,4) garantiert am Hof viel eher den Aufstieg als sorgfältige, sachkundige, ehrliche Arbeit. Deshalb dürfte Odoardo aus dem Dienst ausgeschieden, Appiani nie zu solchem herangezogen worden sein, Camillo Rota keine Aufmerksamkeit finden und Marinelli die Spitzenposition erreicht haben. Die Vermutung Odoardos, dass der Prinz ihn hasse (II,4), wird richtig sein; die Feindschaft zwischen Marinelli und Graf Appiani ist offenkundig.

Der Dienst am Hof und die »Höflinge«

Sprache

Die sogenannte galante Sprache sucht viele dieser Übel zu verdecken. So ist es galant, aber in höchstem Maße falsch, wenn Marinelli sich Graf Appiani gegenüber als »einen seiner ergebensten Freunde« (II,10) vorstellt. Claudia hat die Tendenz der galanten Sprache durchaus erfasst, wenn sie sagt: »Nichts klingt in dieser Sprache wie Alles: und Alles ist in ihr so viel als Nichts« (II,7). Sie unterschätzt allerdings die Wirkung dieser Sprache, wenn sie sie als unbedeutend einschätzt. Wenn sie ihre Tochter, die völlig verstört von der Unterredung mit dem Prinzen nach Hause kommt, mit dem Satz »Der Prinz ist galant« (II,7) zu beruhigen oder zu beschwichtigen sucht, so verkennt sie die Gefahren dieser Redeweise. Ihr ist nur aufgefallen, dass diese Sprache übertreibt und etwa aus einer »Schmeichelei« eine »Beteurung« macht. Sie verkennt die gegenläufige Tendenz, die ein geplantes Verbrechen als »Unglück« hinstellt und heuchlerisch fragt: »Ah, gnädiges Fräulein! […] – was für ein glückliches Unglück verschafft uns die Ehre –« (III,4). Elegant, aber falsch ist diese Sprache, die Teil der am Hof gebräuchlichen Etikette ist. Als Claudia die Verbrechen des Hofes durchschaut hat und Marinelli als »Mörder« und »Kuppler« anklagt, geht dieser nicht auf die Vorwürfe ein, sondern beanstandet die Form: »Aber mäßigen Sie wenigstens Ihr wildes Geschrei, und bedenken Sie, wo Sie sind« (III,8). Die Form zu wahren – im Sprechen, im Auftreten, in den Manieren – gilt als oberstes Gebot der höfischen Gesellschaft.

Galanterie und Etikette

Die Form wahren – als Maxime

Das Haus der Galotti

Allein der zweite Akt des Trauerspiels spielt »in dem Hause der Galotti«, das Mutter und Tochter für eine Zeit bewohnen, um das Leben in der Residenzstadt kennen zu lernen. Odoardo hat gehörige Vorbehalte gegen diese »Stadterziehung«, die Claudia im Interesse ihrer Tochter für notwendig hielt und die in ihren Augen schon deshalb erfolgreich war, weil »hier nur […] der Graf Emilien finden« konnte (II,4).

Die bürgerliche Ehre

Odoardo hat feste Grundsätze. Für Graf Appiani ist er »das Muster aller Tugenden« (II,7). Wie ein altrömischer Pater familias wacht er über die Familie. Er zeigt sich fest davon überzeugt, dass das Leben in der Stadt und erst recht das am Hof voller Gefahren ist. Jeder Schritt, so fürchtet er voller Argwohn, kann da zum »Fehltritt« (II,2) werden. Ein Fehltritt der Tochter würde aber nicht nur deren Ehre, sondern die der ganzen Familie ruinieren. Kostbarster Besitz der Familie, so scheint es, ist die Unberührtheit Emilias bis zur vollzogenen Eheschließung. Das letzte Ziel des Lebens liegt jedoch nicht im Diesseits, sondern in einem nicht näher genannten Jenseits.

Tugend und Religion

Die Lehren der Kirche geben diesem hohen Tugendideal ein festes Fundament. Emilia ist am Morgen ihrer Hochzeit in die Messe gegangen, »Gnade von oben zu erflehen« (II,2); groß ist ihre Furcht zu sündigen; ihr überscharfes Gewissen redet ihr ein, dass »sündigen wollen, auch sündigen« (II,6) sei. Graf Appiani ist Claudia gegenüber sicher, dass er an Emilia »eine fromme Frau« haben werde, »die nicht stolz auf ihre Frömmigkeit ist« (II,7). Stolz jeder Art wäre schon eine Untugend, die sich verbietet. Gefragt sind vor allem Zurückhaltung, Bescheidenheit und Gehorsam. Unbedingt scheint dieser Gehorsam zu sein, wenn Emilia ihre Überlegungen, ob sie ihrem Vater und ihrem Bräutigam von den Nachstellungen durch den Prinzen berichten soll, damit abbricht, dass sie den Anweisungen ihrer Mutter folgt und sagt: »Ich habe keinen Willen gegen den Ihrigen« (II,6). Im weiteren Verlauf der Handlung zeigt sich, dass dieser blinde Gehorsam verhängnisvoll ist.

Rückzug aus der Stadt

Die Lebensvorstellungen der Familie Galotti unterscheiden sich deutlich von denen, die am Hof üblich sind. Es ist nur konsequent, dass Odoardo sich auf sein Landgut zurückgezogen hat und dass er glücklich ist, dass Graf Appiani und Emilia in »Unschuld und Ruhe« (II,4) fern vom Hofleben sich selbst leben wollen. Der Hof ist in seinen Augen ein Ort der Amoralität: In dem Prinzen, der von seinen Empfindungen übermannt wird, sieht er einen »Wollüstling« (II,4). Emilia scheint von den gleichen Vorstellungen geprägt zu sein, wenn sie in der Annäherung des Prinzen einen »Frevel« (II,6) sieht und in ihm selbst das personifizierte »Laster« (II,4).

Gefährdungen

Umgekehrt erkennt man, welchen Bedrohungen das Haus der Galotti ausgesetzt ist, wenn Angelo, der Kriminelle, im Haus auftaucht und den Weg der Hochzeitskutsche ausspioniert und wenn Marinelli eindringt, um den Bräutigam zu provozieren und später zu erledigen.

Liebe, Ehe und Mätressentum

Das Liebesverlangen des Prinzen

An dem Liebesverlangen des Prinzen ist nicht zu zweifeln. Als er von Marinelli hört, dass Emilia am Nachmittag heiratet, bricht es aus ihm heraus: »So bin ich verloren! – So will ich nicht leben!« Und er gibt seinem Kammerherrn gegenüber zu: »Nun ja, ich liebe sie; ich bete sie an« (I,6). Er ist von seinen Gefühlen völlig übermannt. Allerdings scheinen diese Empfindungen sehr vom Augenblick bestimmt zu sein, denn es ist erst wenige Wochen her, dass er die Gräfin Orsina »liebte« und bei ihr »so leicht, so fröhlich, so ausgelassen« (I,3) war. Diese Liebe ist verflogen; der Gräfin »Grimasse« und »Medusenaugen« (I,4) sind ihm inzwischen zuwider.

Die Liebe zwischen Appiani und Emilia

Dass Graf Appiani seine Braut Emilia liebt, muss man glauben, obwohl man keine derartige Äußerung von ihm hört. Er redet Emilia am Hochzeitsmorgen mit »meine Teuerste« an und bestätigt, dass es ihm eine »Ehre« sei, bald »der Ihrige zu sein« (II,7). Emilia sähe ihren Bräutigam gern »heiter« und möchte gern Zeichen einer »freudigern Aufwallung« sehen (II,7). Doch der Graf ist »ernster als gewöhnlich«; er ist »ungewöhnlich trübe und finster«, ohne zu wissen warum (II,7). Es mag verständlich sein, dass Emilia, die sich gerade den Nachstellungen des Prinzen entzogen hat, zu großen Liebesbewegungen nicht fähig ist. Ihre Empfindungen bleiben verdeckt; für sie ist ihr Bräutigam »mein guter Appiani« (II,6). Ähnlich leidenschaftliche Äußerungen wie vom Prinzen sind weder von Appiani und erst recht nicht von Emilia zu erwarten.

Ehe aus »Staatsinteresse«

Während für Appiani die bevorstehende Eheschließung mit Emilia die erstrebte »Glückseligkeit« (II,7) bedeutet, sieht sich der Prinz als »das Opfer eines elenden Staatsinteresse[s]«, wenn er an seine bevorstehende »Vermählung mit der Prinzessin von Massa« denkt (I,6). Zwar ist er bereit, auf die Gräfin Orsina und »dergleichen Händel fürs Erste« (I,6) zu verzichten. Doch lässt er sich von Marinelli sehr schnell überzeugen, dass neben einer »Gemahlin«, die »die Politik zuführet«, eine »Geliebte noch immer ihren Platz« haben dürfe (I,6). Für den Prinzen eröffnet sich damit die Perspektive, Emilie für die Rolle einer Geliebten zu gewinnen, nachdem er der bisherigen Mätresse Orsina überdrüssig geworden ist.

Für die Familie Galotti, aber auch für Graf Appiani, hat die Ehe einen ganz andern Stellenwert. Nach Odoardo macht es das »Glück« des Lebens aus, wenn sich zwei Menschen »gefunden« haben, »die für einander bestimmt waren« (II,4). Die Eheschließung ist ein wichtiger und ernster Akt im bürgerlichen Leben, bei dem es nahe liegt, »Gnade von oben zu erflehen« (II,2). Auch in diesem Punkt ist der Höfling Marinelli anderer Ansicht. Für ihn ist die Hochzeit eine »Zeremonie« (II,10), die sich leicht verschieben lässt. An Liebe und Treue glaubt er ohnehin nicht.

Die Ehe im bürgerlichen Leben

Die Ehe von Odoardo und Claudia ist weniger durch überschwängliche Liebe gekennzeichnet als durch Treue, Zuverlässigkeit und Ernsthaftigkeit in den entscheidenden Punkten des Lebens. Man mag Anstoß an der patriarchalischen Haltung Odoardos nehmen. Doch muss man seine Sorge für die Familie ernst nehmen. Außerdem erkennt man, dass sich Claudia mit ihren Erziehungsvorstellungen durchaus gegenüber Odoardo durchzusetzen weiß.

Die Ehe von Odoardo und Claudia

Die Ehe, die Marinelli als »Missbündnis« ansieht, da ein hochstehender Graf »ein Mädchen ohne Vermögen und ohne Rang« zu heiraten beabsichtigt und ihm deshalb »der Zirkel der ersten Häuser […] verschlossen« (I,6) bleiben

Ehe und »Glückseligkeit«

wird, verspricht sowohl dem Grafen wie auch Emilia die höchste »Glückseligkeit« (II,7). Kein äußerer Zwang und kein politisches Interesse führte sie zusammen, sondern ein gegenseitiges Gefallen. So möchte Emilia am Hochzeitstag das Kleid tragen, das sie trug, »als ich Ihnen zuerst gefiel« (II,7). Dieses Kleid wird sie »fliegend und frei« (II,7) tragen, dazu das Haar »in Locken« – eine »Rose darin nicht zu vergessen« (II,7). In der wahrscheinlich roten Rose darf man ein Liebessymbol sehen und in der Kleidung vorsichtige Zeichen einer natürlichen und durchaus tugendhaften Erotik. Auf »Putz« und erst recht auf »Geschmeide« (II,7) wird bewusst verzichtet.

Das zerstörte Glück

Doch genau diese Glücksvorstellung wird nicht konkret. Im Hintergrund wird schon die Intrige entworfen, die das Glück der Familie zerstört.

Über Schuld und ausgleichende Gerechtigkeit

Tragische Schuld?

Unausweichlich stellt sich am Ende des Stücks die Frage, wer die Schuld an dem traurigen Ausgang trägt. Wer von der Konzeption der antiken Tragödie weiß und gewohnt ist, nach dem Schuld-Anteil des Helden selbst zu fragen, nach der tragischen Schuld, in der sich Schuld und Unschuld vermischen, wird zuerst Emilia in den Blick nehmen. Sie war im Begriff, sich selbst zu töten, und hat dann ihren Vater zur Ausführung gedrängt. Ein Vorwurf wird ihr daraus nicht gemacht.

Der Grund, der Emilia veranlasste, den Dolch zu nehmen, bestand nach ihren eigenen Worten darin, sich vor »der Schande zu retten« (V,7). Forscht man nach, worin diese

Schande besteht, so gerät man in Schwierigkeiten. Klar ist, dass Emilia ebenso wie ihre Eltern ein irgendwie geartetes Einverständnis mit dem Prinzen für schuldhaft gehalten hätte. Abwegig wäre, jenes Gespräch in der Gesellschaft im Hause der Grimaldi, durch das der Prinz »so bezaubert [...] schien« (II,4), für ein Vergehen zu halten; denn dieses Gespräch verlief vor aller Augen im konventionellen Rahmen der geladenen Gesellschaft. Später »floh« Emilia entsetzt vor dem aufdringlichen Prinzen aus der »Halle« vor der Kirche (II,6). Gegen die guten Sitten wäre es gewesen, hätte sie versucht, sich »von ihm loszuwinden« (II,6). So hat sie auf einen geeigneten Augenblick zur Flucht gewartet; der Prinz konnte sie nicht halten. Rückblickend gesteht er: »Stumm und niedergeschlagen und zitternd stand sie da; wie eine Verbrecherin, die ihr Todesurteil höret« (III,3). Als der Prinz Emilia nach dem Überfall auf dem Lustschloss gegenübertritt und diese die Lage noch nicht ganz durchschaut, fragt sie sich für einen Augenblick – »Die Hände ringend« –: »Was soll ich tun!« (III,5). Im nächsten Augenblick wirft sie sich vor dem Prinzen nieder: »Zu Ihren Füßen, gnädiger Herr –« (III,5). Damit ergibt sie sich nicht den Wünschen und dem Begehren des Mannes Hettore Gonzaga, sondern sie fleht unter »Beben« (III,5) den Fürsten um Gnade an. Sie erkennt, dass sie ausgeliefert ist, und sie ist verzweifelt. Wenn es wenig später heißt: »Er führt sie, nicht ohne Sträuben, ab« (III,5), so wird deutlich das Bild einer Täter-Opfer-Beziehung wachgerufen.

Ist Emilia »schuldig«?

Die Bitte um Gnade

Die Frage, ob Emilia etwas »Strafbares« (II,6) begangen hat, müsste sogar von Odoardo, dem rigorosen Vater, verneint werden. Sie ist, wie Claudia Odoardo gegenüber vehement vertritt, »unschuldig, in allem unschuldig!« (IV,8). Dass sie die Gefahren, die im Haus der Lasterhaften drohen, bemerkt hat, ist nicht Schuld. Dass der Prinz für sie schwärmt und Verbrechen in Kauf nimmt, sie zu besitzen, ist nicht ihre Schuld. Dass sie schließlich ihre »Sinne« und ihr »so jugendliches, so warmes Blut« (V,7) spürt, ist natürlich und nicht schuldhaft. Der Anlass dafür gewesen zu sein, dass zwei Menschen umkamen und andere ins Unglück gestürzt wurden, belastet sie verständlicherweise; doch kann ihr auch das nicht als Schuld angerechnet werden. Mit allen Kräften wehrt sich Emilia, so darf man folgern, und erklärt später ihrem Vater gegenüber: »Als ob wir, wir keinen Willen hätten, mein Vater« (V,7). Für einen Augenblick fühlt sie sich sogar stark genug, mit dem Dolch gegen ihre Widersacher vorzugehen.

Die Angst vor dem Schuldigwerden

In einem überraschenden Wechsel äußert sie plötzlich mehr Angst davor zu haben, die »Unschuld« zu verlieren als das Leben, fürchtet sie plötzlich eine »Verführung«, die nicht von Seiten des Prinzen droht, sondern aus ihrem eigenen »Blut« (V,7). Plötzlich erinnert sie sich an den »Tumult in meiner Seele«, den sie im »Haus der Freude«, im »Haus Grimaldi« erlebte und »den die strengsten Übungen der Religion kaum in Wochen besänftigen konnten« (V,7). Es ist die Frage, ob in diesem kritischen Augenblick ein lange zurückgedrängtes Schuldbewusstsein nach außen drängt oder ob ein übersensibles Gewissen Schreckbilder sieht, die mit der Wirklichkeit nichts zu tun haben. Für jemanden, für den »sündigen wollen« schon »sündigen« (II,6) ist, für den mag die Furcht, einer Verführung nicht gewachsen zu sein, schon »Verführung« (V,7) sein. Kaum jemand – außer der Betroffenen – dürfte darin eine Schuld sehen.

Das traurige Ende

Das Ende ist traurig, nicht tragisch. Es gibt keine weltliche Instanz, die die wahren Schuldigen am Tod des Grafen und am Tod Emilias zur Rechenschaft ziehen wird. Ein derartiges Gericht ist in der gegebenen Staatsform nicht vorgesehen. Zur tatkräftigen Rache fehlen die äußeren Mittel, aber auch die innere Einstellung. Die Gräfin Orsina hat zwar alles zur Rache vorbereitet, ist jedoch selbst zu schwach und findet keinen Helfershelfer. Religion und Tugendideale halten Odoardo davon ab, Gewalt gegen den Fürsten zu üben. So bleibt allein die Hoffnung auf den »Richter unser aller« (V,8). Dass dies tröstlich für jemanden ist, der sich zunächst »in das Gefängnis« (V,7) liefert, weil er vor dem weltlichen Gericht als der Mörder seiner Tochter gilt, mutet aus heutiger Sicht befremdlich an. Odoardo hat kurz zuvor ein vergleichbares Glaubensbekenntnis von seiner Tochter gehört: Um »Verführung […] zu vermeiden, sprangen Tausende in die Fluten, und sind Heilige« (V,7). Gegen die absolute Tyrannei des Fürsten wird der absolute Glaube an einen gerechten Richter am Ende der Tage gesetzt.

Literarisches Meisterstück oder politisches Tendenzdrama?

Die »Urfrage« bei der Interpretation des Dramas

Bis in die Gegenwart ist umstritten, ob es Lessing bei der Konzeption seines Dramas *Emilia Galotti* um den Ruhm als herausragender Theaterdichter deutscher Sprache ging oder ob er über die politischen Verhältnisse seiner Zeit aufklären und revolutionären Bewegungen vorarbeiten wollte. Diese »Urfrage« der Interpretationsgeschichte ist in der Stoffwahl begründet:[22] In der Geschichte Roms führte die Tötung der Virginia durch ihren Vater zum Sturz des tyrannischen Decemvirn Appius Claudius im Jahre 449 v. Chr. und zu einem Umsturz der Regierung (s. o. Kap. 5, 86,19–21). Der Stoff enthielt also alle Elemente eines revolutionären Dramas. Lessing wollte jedoch von vornherein – wie er am 21. Januar 1758 Friedrich Nicolai mitteilte – alles aus »der römischen Virginia« absondern, »was sie für den ganzen Staat interessant machte«[23]. Als er Jahre später sein Werk abgeschlossen hatte, erklärte er auch seinem Bruder in einem Brief vom 1. März 1772: »Du siehst wohl, daß es weiter nichts, als eine modernisierte, von allem Staatsinteresse befreyete Virginia seyn soll.«[24] Nur so konnte er das Stück zu Ehren der Herzogin von Braunschweig-Wolfenbüttel an deren Geburtstag aufführen lassen. Tatsächlich wurde *Emilia Galotti* mit ausdrücklicher Genehmigung des Herzogs am 13. März 1772 in Braunschweig uraufgeführt und mit großem Beifall aufgenommen. Goethe spricht ihm im Erscheinungsjahr 1772 das Prädikat »Meisterstück« zu und erklärt: »Mit halbweg Menschenverstand kann man das Warum von jeder Scene, von jedem Wort, mögt' ich sagen, auffinden.«[25] Damit hat er die Intention Lessings genau getroffen. Trotzdem enthält das Lob eine Kritik, die sich im Laufe der Zeit verstärkt: »Es ist alles nur gedacht. Das ärgert mich genug.«[26]

Von »allem Staatsinteresse« befreit

Die politische Dimension des Trauerspiels wird erst später erfasst: »Erst nach der französischen Revolution versteht man das Stück in einem politischen Sinn als Angriff auf

Die politische Wende

Fürstenherrschaft und -willkür – ein Beispiel dafür, wie eine neue historische Situation zu neuen Auffassungsweisen führen kann. Vor 1789 jedoch liest man aus dem Drama nur die moralische Mahnung an die Fürsten heraus, die Mahnung zur Affektkontrolle und Bezwingung der Leidenschaft.«[27]

In den nun folgenden politischen Deutungen verweist man auf die Parteinahme des Autors gegen die höfische Welt und die absolutistische Regierungsform. In dem Prinzen sieht man nun den Tyrannen, der die Ursache aller Übel ist. Er verfügt willkürlich nicht nur über seine Höflinge und Mätressen, sondern greift rücksichtslos in das Privatleben der Untertanen ein. Von der Unmoral des Hofes sind die so genannten ersten Häuser der Residenzstadt angesteckt.

Dieser Welt der Amoralität, der Intrigen und der Galanterie wird die Welt der ehrlichen, tugendhaften Bürger entgegengesetzt. Deren einziger Fehler ist, dass sie nicht die Kraft und die Mittel hat, sich durchzusetzen, dass sie die Opferrolle annimmt und auf eine ausgleichende Gerechtigkeit des Weltenrichters wartet. Als Existenzform haben diese bürgerlich orientierten Untertanen die Familie für sich entdeckt. Sie meiden die Nähe des Hofes, ziehen sich aufs Land zurück und suchen sich selbst zu leben.

Eine mit soziologischen Kategorien durchgeführte Analyse kann nachweisen, dass der Konflikt des Stücks »aus dem für das absolutistische System fundamentalen Antagonismus zwischen politischer Un-Moral und privater Moral hervorgeht, der als gesellschaftlicher Antagonismus zwischen höfischem und familiärem Bereich erscheint«[28]. Ein Aufruf zur Revolution ist jedoch nicht auszumachen. Die Leitfrage des Stücks »Was soll ich tun?«, die nicht nur eine der privaten Moral ist, sondern auch eine des politischen Handelns, bleibt vorläufig offen.

7. Autor und Zeit

Gotthold Ephraim Lessing kam am 22. Januar 1729 in Kamenz, einer kleinen Stadt in Sachsen, als Sohn des sehr strengen Pastors Johann Gottfried Lessing und seiner Ehefrau Justine Salome Lessing, geborene Feller, Tochter des zuvor in Kamenz amtierenden Pfarrers, zur Welt. Zwölf Kinder werden in der Familie geboren; fünf sterben früh; Gotthold Ephraim ist der zweite Sohn.

Meißen

Zwölfjährig kommt Gotthold Ephraim auf die Fürstenschule St. Afra in Meißen, ein hoch angesehenes Gymnasium, das vor allem lateinische und altgriechische Autoren nahe bringt. Französisch, Mathematik und deutsche Literatur haben den Rang von Nebenfächern.

Leipzig

Die kriegerischen Auseinandersetzungen zwischen Preußen und Österreich berühren auch Meißen. Der Schulbetrieb wird gestört; die Internatsverpflegung ist nicht mehr gesichert. In dieser Situation erhält Lessing ein kurfürstliches Stipendium und kann im September 1746, jetzt siebzehn Jahre alt, ein Studium der Theologie in Leipzig beginnen. Leipzig ist die Stadt der Kaufleute, der Buchhändler, der Gelehrten, der Literaten und des Theaters, wird als Klein-Paris gelobt und bietet dem jungen Lessing Anregungen unterschiedlicher Art. Vor allem nimmt ihn die Welt des Theaters gefangen. Johann Christoph Gottsched, Professor für Philosophie und Dichtkunst, der im Jahr 1730 den *Versuch einer Critischen Dichtkunst vor die Deutschen* herausgebracht hatte, beanspruchte noch immer Geltung als Autorität für Fragen des Theaters. Gleichzeitig hatte sich in Leipzig eine der bedeutendsten Schauspielertruppen der Zeit niedergelassen, geleitet von Friederike Caroline Neuber, genannt »die Neuberin«, berühmt als Schauspielerin und als Prinzipalin. Lessing erhält Zutritt zu den Kreisen der Schauspieler, lebt und diskutiert mit ihnen. Der Neuberin reicht Lessing sein erstes Lustspiel – *Der junge Gelehrte* – ein; das Stück des jetzt Neunzehnjährigen wird genommen und erfährt 1748 seine Erstaufführung in Leipzig. Nebenher schreibt der junge Autor Epigramme, lyrische Texte und Fabeln. Zusätzlich beginnt er auf Anraten der Eltern eine medizinische Ausbildung, die ihm einen sicheren Lebensunterhalt garantieren soll.

Berlin

Das Theologiestudium wird aufgegeben, Leipzig wird verlassen, als Christlob Mylius, ein Vetter, ihm eine Anstellung bei der *Berlinischen Privilegierten Zeitung* verschafft. Lessing zieht nach Berlin, wird Journalist und ist für die nächsten sieben Jahre (1748–55) freier Mitarbeiter, Autor und Redakteur im Feuilletonteil der *Vossischen Zeitung*, die als Blatt des gebildeten Bürgertums gilt. Zwischenzeitlich legt er in Wittenberg das Magister-Examen an der Fakultät der freien Künste ab, macht aber keinen Gebrauch von dem akademischen Titel.

Auf Berlin, das von dem jungen Preußen-König Friedrich II. geprägt wird und das ein Zentrum der deutschen Aufklärungsbewegung ist, setzt Lessing. Doch er findet keinen Zugang zum König und auch nicht zu dem großen französischen Aufklärer Voltaire, der beim König zu Gast ist. Aber er hat Freunde, Gesprächs- und Diskussionspartner in dem Verleger und Schriftsteller Christoph Friedrich Nicolai, dem jüdischen Philosophen Moses Mendelssohn, einem der wichtigsten Vertreter der deutschen Aufklärung, und Ewald

Gotthold Ephraim Lessing
Gemälde von Anton Graff, 1771

von Kleist, einem preußischen Major und Dichter. In der Berliner Zeit entsteht das bürgerliche Trauerspiel *Miss Sara Sampson*, das 1755 in Frankfurt/Oder uraufgeführt wird, einen neuen Dramentyp begründet und eine »neue Ära realistischer Schauspielkunst in Deutschland«[29] eröffnet.

Im Oktober 1755 ist Lessing wieder in Leipzig. Er hat Aussicht auf eine Stelle als Reisebegleiter eines reichen Schweizers. Doch das Projekt zerschlägt sich ebenso wie ein anderes, bei dem er einen wohlhabenden Leipziger Patriziersohn auf einer mehrjährigen Bildungsreise durch Europa begleiten sollte. Der Siebenjährige Krieg macht Europa zu einem Krisengebiet. Unverrichteter Dinge kehrt Lessing 1758 nach Berlin zurück. Dramen und Dramenentwürfe entstehen. Wichtiger werden die *Briefe, die Neueste Litteratur betreffend*, seit 1759 herausgegeben von Lessing, Mendelssohn und Nicolai. Aus der Folge von 333 Briefen stammen 55 von Lessing und von diesen hat der 17. Literaturbrief Epoche gemacht. In ihm wird mit Gottsched und dem von diesem als Muster gepriesenen französischen klassizistischen Theater abgerechnet; verwiesen wird auf Shakespeare und dessen Dramen- und Theaterkonzeption. Damit war ein grundsätzlicher Paradigmenwechsel der deutschen Theater- und Literaturgeschichte eingeleitet.

Die Zeit des Siebenjährigen Krieges

Wahrscheinlich von Ewald von Kleist vermittelt, erhält Lessing im Siebenjährigen Krieg eine Stelle als Gouvernementssekretär bei dem preußischen General von Tauentzien in Breslau. Der Dienst mag ungewohnt sein, lässt aber viel Zeit für gelehrte Studien, für gesellige Runden, für Glücksspiele – und garantiert ein angemessenes Auskommen, das ihm sogar erlaubt, in den insgesamt fünf Breslauer Jahren 6000 Bücher

Breslau

anzuschaffen, die er später, als er wieder in Finanznot gerät, versteigern muss.

Nach dem Friedensschluss von Hubertusburg (1763) verliert Lessing seine Stelle in der Armee, wird in Berlin nicht gebraucht und wendet sich Hamburg zu. In Hamburg wird jene Epoche machende ernste Komödie vollendet, die ihren Stoff aus der unmittelbaren Gegenwart des Siebenjährigen Krieges nimmt und deren Pläne in der Breslauer Zeit entstanden: *Minna von Barnhelm oder Das Soldatenglück*.

Hamburg

Hamburg, das abseits der kriegerischen Auseinandersetzungen gelegen hatte, war als Bürgerrepublik mit seinen weltoffenen Kaufleuten, seinen Gelehrten, Theologen, Literaten und Schulmännern attraktiv. Hamburger Handelsherren hatten sich vorgenommen, aus dem Schauspielhaus am Gänsemarkt ein Deutsches Nationaltheater zu machen. Lessing wird als Dramaturg und hauseigener Kritiker gewonnen. Drei Jahre lang verfolgt er kritisch, was und wie am Hamburger Theater gespielt wird. Die 52 Theaterkritiken, die zusammengefasst unter dem Titel *Hamburgische Dramaturgie* herausgegeben wurden, können als eine allgemeine Poetik des europäischen Dramas der Zeit angesehen werden. Wie in Berlin so findet Lessing auch in Hamburg viele Kontakte: so mit den Dichtern Friedrich Gottlob Klopstock und Matthias Claudius, mit den Schauspielern Konrad Ekhof und Friedrich Ludwig Schröder, aber auch mit Theologen, so mit dem Hauptpastor Johann Melchior Goeze. Gute Freunde findet er in Dr. Johann Albert Hinrich Reimarus und dessen Schwester Margarethe Elisabeth; es sind die Kinder des Theologen, Philosophen, Philologen und Zoologen Hermann Samuel Reimarus, dessen Schriften Lessings weiteren Lebensweg noch beeinflussen sollten.

Mit einem Partner versucht sich Lessing als Verlagsbuchhändler; scheitert mit dem Unternehmen kläglich. 1770 quittiert er seinen Dienst als Dramaturg in Hamburg. Die Trennung von Hamburg fällt schwer, wenn auch die angebotene Stelle eines Bibliothekars in Wolfenbüttel, dem Residenzstädtchen in unmittelbarer Nähe von Braunschweig, nicht nur finanzielle Sicherheit in Aussicht stellt. Die Herzog-August-Bibliothek, der einst Leibniz vorstand, ist eine der größten und bedeutendsten in deutschen Landen. Lessing weiß die Möglichkeiten zu schätzen und schreibt am 27. Juli 1770 an seinen Vater: »Ich kann meine Bücher, die ich verkaufen müssen, nun sehr wohl vergessen.«[30] Nebenher bleibt ihm Zeit, sein Trauerspiel *Emilia Galotti* zu vollenden, das am 13. März 1772 in Braunschweig aufgeführt wird. Mit dem Braunschweiger Prinz Leopold unternimmt er eine achtmonatige Bildungsreise, die über Wien und Venedig bis Rom und Neapel führt. Bei der Rückkehr wird ihm eine Gehaltszulage gewährt; er erhält eine Dienstwohnung in unmittelbarer Nähe des Schlosses und der Bibliothek; und er kann endlich – am 8. Oktober 1776 – heiraten. Seine Frau, Eva König, ist Witwe des Hamburger Seidenhändlers und Tapetenfabrikanten Engelbert König, mit dem Lessing befreundet war und der auf einer Geschäftsreise in Venedig starb. Das ersehnte Glück ist von kurzer Dauer. Am 31. Dezember 1777 schreibt Lessing seinem Freund Theodor Eschenburg: »Ich wollte es auch einmal so gut haben wie andere Menschen! Aber es ist mir schlecht bekommen.«[31] So schließt er den Brief, in dem er mitteilt, dass sein Sohn gestorben ist, der nur vierundzwanzig Stunden lebte. Erschöpft von der Geburt, stirbt die Mutter und Gattin zehn Tage später. Lessing ist wieder allein.

Wolfenbüttel

Beruflich hat Lessing in seiner Wolfenbütteler Zeit einen Streit auszuhalten, der alle Gefechte übertrifft, die er in seinem bisherigen Kritikerleben zu bestehen hatte. Als Bibliothekar hat er die Aufgabe, aus den Schätzen der Bibliothek Werke für eine Veröffentlichung vorzubereiten. Unter dem Titel *Fragmente eines Ungenannten* erscheint eine Reihe von Schriften theologisch-philosophischen Inhalts, die keineswegs aus der Bibliothek stammen, vielmehr von Hermann Samuel Reimarus, dem Hamburger Gelehrten, verfasst waren. Sie werden als Angriff auf die orthodoxe Theologie verstanden. Der Hamburger Hauptpastor Goeze fühlt sich angegriffen, nimmt die Fehde mit Lessing auf und veranlasst den Herzog von Braunschweig, Partei zu ergreifen und Lessing zu disziplinieren. Lessing weicht aus, wechselt den Kampfplatz und sagt in literarischer Form, was er zu sagen hatte. Das dramatische Gedicht *Nathan der Weise* ist nicht nur Teil des »Fragmentenstreits«, sondern kann als eine Art letzter Verfügung Lessings angesehen werden.

Gotthold Ephraim Lessing starb am 15. Februar 1781 in Braunschweig und wurde dort beerdigt.

Das Werk

Früh wurde Lessings Interesse für das Drama geweckt. In Kamenz hatte er eine Schulaufführung des *Sterbenden Cato*, des bekanntesten Dramas von Johann Gottsched, gesehen. In Meißen gehörten die lateinischen Dramen von Plautus und Terenz zur Schullektüre. In Leipzig endlich wurden Übersetzungen der französischen Dramen von Racine und Corneille von der Neuber'schen Truppe gespielt – dazu auch deutsche Stücke, die nach dem Vorbild der französischen Klassiker gearbeitet waren. Lessing führte, in dieser Weise angeregt, Dramenpläne aus, die er zum Teil aus Meißen mitgebracht hatte, schrieb in der Leipziger Zeit *Damon oder Die wahre Freundschaft* (1747), *Der Misogyn* (1748), *Der junge Gelehrte* (1748), *Die alte Jungfer* (1748), *Die Juden* (1749) und setzte sich zum Ziel, der »deutsche Molière« zu werden. Tatsächlich blieb er zeitlebens dem Theater verhaftet. Die Leipziger Dramen werden heute als »Vorarbeiten, gewissermaßen Übungsarbeiten«[32] angesehen, die, wie die Epigramme und anakreontischen Lieder, die gleichzeitig entstanden, Zeugnis vom literarischen Geschmack der Zeit und der Kultur-Hauptstadt Leipzig geben.

1755 Miss Sara Sampson. Bürgerliches Trauerspiel. Erstaufführung am 10. 7. 1755 durch die Ackermann'sche Truppe in Frankfurt a. d. Oder.

Miss Sara Sampson, ein tugendhaftes Mädchen, ist einem frivolen jungen Mann, Mellefont, verfallen und diesem gefolgt. In der neunten Woche logieren sie in einem Gasthaus. Man erfährt, dass Mellefont Sara nicht heiraten kann, da er in dem Fall einer Erbschaft verlustig ginge, die er nur unter bestimmten Bedingungen erhält. Inzwischen hat aber Sir William Sampson, der Vater Saras, herausgefunden, wo seine Tochter sich aufhält, ist ihr nachgereist und will sie sprechen. Auch von Marwood, einer früheren Geliebten Mellefonts, die ähnlich wie Sara verführt worden ist und von Mellefont eine zehnjährige Tochter Arabella hat, wurde Mellefont aufgespürt. Als es der Marwood nicht gelingt, Mellefont für sich zu gewinnen, ergreift sie eine Gelegenheit, Sara zu vergiften. Sir William, der bereit wäre, seiner Tochter zu vergeben, kommt zu spät. Er wird sich um Arabella kümmern, nachdem sich Mellefont selbst getötet hat.

Miss Sara Sampson gilt insofern als der Prototyp eines bürgerlichen Trauerspiels, als ein tragisches Geschehen aus dem Milieu der bürgerlichen Welt gezeigt wird. Sowohl der Typ des tugendhaften, aber blind der Liebe folgenden Mädchens als auch der des verführenden Mannes zwischen zwei begehrten Frauen wird in späteren Dramen vergleichbarer Art aufgenommen.

1756/57 Briefwechsel über das Trauerspiel.
Die insgesamt 36 Briefe, die sich Lessing, Friedrich Nicolai und Moses Mendelssohn zwischen dem 29. Juli 1756 und dem 14. Mai 1757 gegenseitig zukommen ließen, waren als Privatbriefe geschrieben und wurden erst nach Lessings Tod in einer zusammenhängenden Ausgabe gedruckt. Sie gelten heute als Kontext zu den beiden Dramen *Miss Sara Sampson* und *Emilia Galotti.* Friedrich Nicolai veröffentlichte danach 1757 eine *Abhandlung vom Trauerspiel*, in der viele Gedanken verarbeitet sind, die vorher im Briefwechsel erörtert wurden.

Insgesamt geht es in der Diskussion darum, Gemeinsamkeiten und Unterschiede zwischen der altgriechischen Tragödie und dem neuen bürgerlichen Trauerspiel aufzudecken. Ziel ist, die Funktion des Trauerspiels für die bürgerliche, christlich geprägte Gesellschaft zu bestimmen und die Abweichungen von den Empfehlungen zu rechtfertigen, die seit Aristoteles in den verschiedenen Poetiken weitergegeben worden waren.

1759 17. Literaturbrief.
Dieser Brief ist der berühmteste von 55 Literaturbriefen, die Lessing der Folge von 333 *Briefen, die Neueste Litteratur betreffend* beisteuerte.

Der zentrale Satz lautet: »Es wäre zu wünschen, daß sich Herr Gottsched niemals mit dem Theater vermengt hätte. Seine vermeintlichen Verbesserungen betreffen entweder Kleinigkeiten oder sind wahre Verschlimmerungen.« Damit wird eine neue Ära der deutschen Theatergeschichte eröffnet. Maßgebend ist nicht mehr das französische Theater mit Racine und Corneille, sondern das englische mit Shakespeare.

Der scharfe Angriff lässt unberücksichtigt, welche Verdienste sich Gottsched mit seinen Hauptwerken – Poetik, Rhetorik, Sprachlehre – um die deutsche Sprache und Literatur erworben hat.

1767 Minna von Barnhelm oder Das Soldatenglück.
Lustspiel in fünf Akten.
Erstaufführung am 30. 9. 1767 durch die »Entreprise« in Hamburg.

Major von Tellheim hat nach dem Ende des Siebenjährigen Krieges den Abschied erhalten, ist mittellos und wohnt im Gasthof »König von Portugal« in Berlin. Ihm wird vorgeworfen, gegen die Bevölkerung in Sachsen zu mild gewesen zu sein. Durch seinen Diener Just lässt er seinen Verlobungsring beim Wirt versetzen, um so über etwas Geld zu verfügen. Tellheim ahnt nicht, dass Minna von Barnhelm, die den parallelen Verlobungsring trägt, gerade aus Sachsen gekommen ist und nun im gleichen Gasthof wohnt. Der in der Ehre gekränkte preußische Offizier Tellheim liebt Minna, die Sächsin, weiterhin, hält sich aber nicht für würdig, sie zu heiraten. Durch eine List öffnet Minna ihrem Tellheim die Augen. Als dann auch die Haltlosigkeit der Verdächtigungen gegenüber Tellheim offenkundig wird, steht einer Heirat nichts mehr im Weg.

Das Stück, das seinen Stoff aus der unmittelbaren Gegenwart nimmt, stellt einen preußischen Leitwert – die Ehre – zur Diskussion. Es entsteht eine neue Art von Komödie, in der die Schwächen der Menschen zugleich ernst genommen werden und über sie gelacht wird. Es wird mit dem Verstand gelacht.

1767/69 Hamburgische Dramaturgie.
Die Sammelausgabe enthält 52 Beiträge, die Lessing als angestellter Kritiker des am 22. April 1767 eröffneten Hamburger Nationaltheaters schrieb. In der Ankündigung heißt es: »Diese Dramaturgie soll ein kritisches Register von allen aufzunehmenden Stücken halten, und jeden Schritt begleiten, den die Kunst, sowohl des Dichters, als des Schauspielers, hier tun wird.«[33]

Wichtiger als die kritische Erörterung der aufgeführten Stücke sind aus heutiger Sicht die durchgehend verfolgten Themen. Gefragt wird nach der möglichen Wirkung dramatischer Dichtung auf den Zuschauer, nach Bauformen des Dramas, nach der Aktualität von griechischen, französischen und englischen Musterdramen und anderem.

1772 Emilia Galotti. Bürgerliches Trauerspiel in fünf Akten.

1779 Nathan der Weise. Dramatisches Gedicht in fünf Akten.
Erstaufführung am 14.4.1783 durch die Döbbelin'sche Truppe in Berlin.
Als Bibliothekar in Wolfenbüttel hatte Lessing theologische Abhandlungen veröffentlicht, durch die sich orthodoxe Theologen provoziert fühlten. Der stärkste Widersacher

war der Hamburger Hauptpastor Goeze. Der Streit wurde in der Öffentlichkeit in Schriften und Gegenschriften ausgetragen, bis der Herzog von Braunschweig, der Dienstherr Lessings, diesem verbot, weitere wissenschaftliche Abhandlungen zu publizieren. Darauf beschloss Lessing, das, was er zu sagen hatte, literarisch zu verbreiten. Das Drama erschien 1779, wurde aber erst 1783, also nach Lessings Tod, uraufgeführt.

Der reiche Jude Nathan hat in den Wirren der Kreuzzüge Recha an Kindes statt aufgenommen, als er seine Frau und seine Kinder verlor und als Recha ohne ihre christlichen Eltern dastand. Inzwischen ist Recha eine junge Frau, in die sich ein christlicher Tempelherr verliebt hat – nicht ahnend, dass er der Bruder Rechas und außerdem der Neffe Saladins ist, der als Sultan über Jerusalem herrscht. Am Ende stellen Recha, der Tempelherr und Sultan Saladin fest, dass sie einander nicht fremd, sondern verwandt sind. Im Mittelpunkt des Dramas steht die Aufforderung zur Toleranz: In der so genannten Ring-Parabel wird dazu aufgerufen, tolerant gegenüber den Glaubensvorstellungen anderer zu sein und den Wahrheitsanspruch der eigenen Religion dadurch zu untermauern, dass man vorurteilsfrei sein Denken und Handeln zum Besten aller Menschen einrichte.

8. Rezeption

Der Erstaufführung von *Emilia Galotti* im Braunschweiger Hoftheater folgen noch im gleichen Jahr 1772 weitere Inszenierungen in Berlin, Hamburg, Wien, Graz, Hannover, Göttingen, Pressburg, Leipzig und Weimar. Das zeigt, wie groß das Ansehen des Theaterkritikers und Dramendichters Lessing war. Nach den großen Erfolgen von *Miss Sara Sampson* (1755) und *Minna von Barnhelm* (1767) hoffte man auf ein weiteres bedeutendes Theaterereignis.

Tatsächlich wurde das neue Stück an den meisten Orten »mit großem Beyfall«, wie die Zeitungen meldeten,[34] aufgenommen. Lessing selbst hat sich die Uraufführung nicht angesehen. Ob ihn tatsächlich nur Zahnschmerzen abhielten, wie er zu seiner Rechtfertigung schrieb, oder ob er doch befürchtete, er könne beim Hof anecken, ist nicht endgültig zu klären. Lessing hatte zuvor dem Herzog die vier ersten Akte des Trauerspiels zugeschickt und angefragt, »ob es überhaupt schicklich« sei, »an einem so erfreulichen Tag« – nämlich dem Geburtstag der Herzogin – »ein Trauerspiel aufzuführen«.[35] Der Herzog hatte keine Einwände. Der entscheidende Beifall kam jedoch nicht aus der Hof-Loge, sondern aus dem Parterre, wo einige Freunde Lessings das Beifallklatschen eröffneten.

Fast alle Kritiker sprachen dem Stück größtes Lob zu. Allerdings urteilten sie aus verschiedenen Blickrichtungen: Einige legten die Maßstäbe an, die man von der griechischen Tragödie kannte, lobten den strengen Aufbau, fragten aber, inwiefern der Schluss tragisch sei. Andere verglichen *Emilia Galotti* mit dem rührseligen Trauerspiel *Miss Sara Sampson* und stellten fest, dass das neue Stück sehr viel kühler wirke und kaum Tränen des Mitleids hervorlocke. Eine dritte Gruppe feierte den Autor als den deutschen Shakespeare, der sich nicht unbedingt an vorgegebene Regeln halte und doch alles richtig mache.

Fast zeitgleich mit der ersten Inszenierung wurde das Werk gedruckt. Insgesamt erschienen im Jahr 1772 vier Druckausgaben, so dass die Verbreitung bei der literarisch interessierten Öffentlichkeit gesichert war. Ein spektakuläres Zeugnis für den Bekanntheitsgrad des Trauerspiels ist die Tatsache, dass Goethe in seinem 1774 erschienenen Briefroman *Die Leiden des jungen Werthers* Lessings Trauerspiel erwähnt. Über Werther, der Selbstmord verübt hat, wird vom Herausgeber berichtet: »Von dem Weine hatte er nur noch ein Glas getrunken. Emilia Galotti lag auf dem Pult aufgeschlagen.« Werther – so soll der Leser folgern – hat sich den Mut zu sterben bei Emilia Galotti geholt: »Der berühmteste deutsche Roman des 18. Jahrhunderts zitiert das bis dahin berühmteste Drama herbei.«[36]

In dem gleichen Maße, in dem von jungen Dramatikern Shakespeare als Vorbild erhöht und die französischen klassizistischen Dramatiker wie Corneille und Racine abgewertet wurden, wechselte die Vorbildfunktion Lessings: Die vollendete, den meisten Regeln folgende Formgebung wurde kritisch betrachtet, während man die Charakterisierung der Personen und die erstrebte Wirkung als beispielgebend ansah. Einige Gestalten Lessings wurden Vorbild für Personen der »Sturm-und-Drang-Dramatik«: »Odoardo gab das Beispiel für Wagners und Schillers würdige Väter, Conti beeinflusste die Maler- und Künstlerfiguren, die Orsina Gestalten wie Lady Milford (in Schillers *Kabale und Liebe*) und Adelheid (in Goethes *Götz von Berlichingen*), Emilia in starkem Maße Schillers Luise (in *Kabale und Liebe*); in Posa (aus Schillers *Don Carlos*) lebt etwas von Appianis Haltung, Klingers Höflinge und Schillers Wurm (*Kabale und Liebe*) sind Marinelli verwandt. Zugleich wurden ähnliche realistische Konflikt- und Figurenkonstellationen angeregt und in Ferdinands letzten Worten in *Kabale und Liebe* (V,8) lebt die letzte Szene der *Emilia Galotti* wieder auf.«[37]

Friedrich Schillers Drama *Kabale und Liebe* (Erstaufführung 13. 4. 1784), das in mancherlei Hinsicht *Emilia Galotti* verpflichtet ist, gilt heute als Höhepunkt in der Geschichte des bürgerlichen Trauerspiels. Den Schlusspunkt setzt – nach heutiger Einschätzung – Friedrich Hebbel mit *Maria Magdalena* (1844). Eine literaturhistorische Abhandlung über diese Konzeption dramatischer Dichtung beginnt 1972: »Das bürgerliche Trauerspiel ist heute eine tote Gattung; schon um die Mitte des vorigen Jahrhunderts ist es ausgestorben. Seit etwa zwanzig Jahren steht es im Brennpunkt des literaturwissenschaftlichen Interesses.«[38] Damit scheint die ganze Gattung ins Museum verwiesen und der Öffentlichkeit entzogen. Doch fast zur gleichen Zeit, als diese Überlegungen formuliert wurden, inszenierte Fritz Kortner eine ganze Serie von bürgerlichen Trauerspielen: Schillers *Kabale und Liebe* (München 1965), Hebbels *Maria Magdalena* (Berlin 1966), Lessings *Emilia Galotti* (Wien 1970).

Über die Wiener Inszenierung schreibt die Theaterkritikerin Hilde Spiel: »Was bleibt übrig, wenn […] der Text […] des allzu Zeitgebundenen entledigt wurde? Zwei entscheidende Elemente: die Chemie menschlicher Beziehungen und der gesellschaftliche Gärungsprozess […]: den sich vorbereitenden Aufstand des Bürgers gegen Fürstenwillkür zu illustrieren, wie Lessing ihn, fünfzehn Jahre vor der Französischen Revolution, elf Jahre vor Schillers *Kabale und Liebe*, als eigentliches Demonstrationsobjekt seines Trauerspiels sah.«[39]

Seit sich Bildungstheoretiker von der Lektüre deutscher Klassiker eine allgemein bildende Wirkung versprachen, wurden auch die Werke Lessings ins Gespräch gebracht: »In Bayern war schon 1808 [...] ein detaillierter Leseplan für alle Gymnasialklassen in Kraft gesetzt worden, der sich auf Lessing, Klopstock, Goethe und Schiller konzentrierte.«[40] Im Lektürekanon des gymnasialen Deutschunterrichts konnte sich Lessing bis ins 20. Jahrhundert behaupten. Über *Emilia Galotti* liest man in einem Handbuch für den Deutschunterricht aus dem Jahr 1910: »Das Drama gehört zu dem Kreise der für die Lektüre in Oberklassen ausgewählten deutschen Bühnenstücke, wird aber immerhin weniger gelesen als Lessings andere Meisterwerke.«[41] Gemeint waren *Minna von Barnhelm* und *Nathan der Weise.*

Überraschend hieß es dann 1984: »Lessings *Emilia Galotti* ist im Unterricht wieder zu Ehren gekommen.« Tatsächlich machten mehrere Bundesländer das Werk zur verpflichtenden oder empfohlenen Lektüre. Die Begründung konnte überzeugen: »Die entlarvende Sprache und die transparente Dramenstruktur, die zeitübergreifenden Interessenkonflikte und die daraus resultierende Personenkonstellation, die skrupellose Jagd nach Macht und Erfolg in Politik und Privatleben oder – als alternative Gegenbewegung – die emanzipatorischen Anliegen und aufklärerischen Grundgedanken: das sind Problemfelder, die jederzeit eine didaktische Durchleuchtung rechtfertigen.«[42] Dies »jederzeit« gilt weiterhin.

9. Checkliste

1. Erklären Sie – möglichst unter Abgrenzung von der griechischen Tragödie –, was Sie unter einem »bürgerlichen Trauerspiel« verstehen.
   Inwiefern ist zu erwarten, dass in einem bürgerlichen Trauerspiel Fragen der Ethik und der Politik aufgeworfen werden?
2. Wann und wo spielt das Drama *Emilia Galotti*?
   Welchen Stoff behandelt es?
   Suchen Sie nach Gründen, weshalb Lessing sein Drama weder in der Antike noch in seiner Gegenwart spielen lässt.
3. Erzählen Sie – mündlich oder schriftlich – die Ereignisfolge
   a) aus der Sicht Marinellis,
   b) aus der Sicht von Claudia, Emilias Mutter.
4. Erläutern Sie, wie der Konflikt zwischen »höfischer« und »bürgerlicher Welt« gestaltet wird:
   – Beschreiben Sie die Handlungsorte und erläutern Sie die Personenkonstellationen.
   – Charakterisieren Sie die Personen der höfischen Welt, indem Sie Gemeinsamkeiten und Unterschiede herausarbeiten (Marinelli – Appiani – Camillo Rota).
   – Beschreiben Sie die Einstellungen der bürgerlich orientierten Personen in Bezug auf ihr Lebensziel und ihre Einschätzung der Tugenden (Odoardo, Claudia, Emilia).
5. Inwiefern enthält die Charakterisierung des Dramas *Emilia Galotti* als ein »Meisterstück« sowohl Lob als auch Tadel?
   Was verbinden Sie mit dem Wort »Meisterstück«?

Von welchen Gesichtspunkten wird der geleitet, der ein literarisches Werk als Meisterstück ausweist?

6. Erklären Sie die folgenden dramentheoretischen Begriffe und beziehen Sie diese auf Lessings Drama:
   Geschlossenes Drama
   - Einheit des Ortes
   - Einheit der Zeit
   - Einheit der Handlung

   Exposition
   - Erster Accord
   - Erregendes Moment

   Höhepunkt und Peripetie
   Anagnorisis
   Katastrophe
   Verdeckte Handlung
7. Das bürgerliche Trauerspiel soll nach den Vorstellungen Lessings »Mitleid« erwecken. Welchen Personen des Dramas gilt Ihr Mitleid? Erklären Sie den Begriff des Mitleids und begründen Sie Ihre Einstellung.
8. Beschreiben Sie, worin die »höfische Gesellschaft« und worin die »bürgerliche Familie« ihr »höchstes Gut« sieht. Legen Sie dar, auf welchen Wegen sie dieses höchste Gut erreichen wollen.
9. Wie erklären Sie, dass das Drama zur Zeit der Erstaufführung unter vorwiegend ästhetischen Gesichtspunkten betrachtet wurde, während man später in ihm vorrevolutionäre Tendenzen zu entdecken meinte?
10. Schildern Sie in Kürze die wichtigsten Stationen des Theaterschriftstellers, Dramaturgen und Theatertheoretikers Lessing. Beziehen Sie sich vor allem auf die Stationen Leipzig, Berlin, Hamburg und Braunschweig.
11. Informieren Sie sich anhand eines Schauspielführers

über den Inhalt von Schillers *Kabale und Liebe* und Hebbels *Maria Magdalena*. Erörtern Sie, inwieweit bei diesen Dramen Einflüsse von Lessings *Emilia Galotti* nachweisbar sind.

12. Wie wird gegenwärtig die Empfehlung begründet, *Emilia Galotti* in den Kanon verpflichtender Schullektüren aufzunehmen?

10. Lektüretipps

Textausgaben

Im Laufe der Zeit hat es mehrere Gesamtausgaben der Werke Lessings gegeben. Zur Lektüre bieten sich folgende neuere Editionen an:

Gotthold Ephraim Lessing: Werke in acht Bänden. Hrsg. von Herbert G. Göpfert. München: Hanser, 1970 ff.

Der *Lektüreschlüssel* bezieht sich auf:

Gotthold Ephraim Lessing: Emilia Galotti. Ein Trauerspiel in fünf Aufzügen. Anm. von Jan-Dirk Müller. Stuttgart: Reclam, 2001. Durchges. Ausg. (UB. 45.) – *Reformierte Rechtschreibung*.

Handbücher und Bibliographien zu Gotthold Ephraim Lessing

Lessing. Epoche, Werk, Wirkung. Von Wilfried Barner, Gunter Grimm, Helmuth Kiesel, Martin Kramer. München 1975.

Fick, Monika: Lessing-Handbuch. Leben – Werk – Wirkung. Stuttgart/Weimar 2000.

Biographien

Drews, Wolfgang: Lessing in Selbstzeugnissen und Bilddokumenten. Reinbek bei Hamburg 1962.

Kröger, Wolfgang: Literaturwissen für Schule und Studium: Gotthold Ephraim Lessing. Stuttgart 1995.
Hildebrandt, Dieter: Lessing. Biographie einer Emanzipation. Wien 1982.

Zur literaturgeschichtlichen Einordnung

Aufklärung. Erläuterungen zur deutschen Literatur. Hrsg. vom Kollektiv für Literaturgeschichte im Volkseigenen Verlag Volk und Wissen. Berlin [Ost] 1974.
Merker, Nicolao: Die Aufklärung in Deutschland. München 1982.
Pütz, Peter: Die deutsche Aufklärung. Darmstadt 1978.
Wessels, Hans-Friedrich (Hrsg.): Aufklärung. Ein literaturwissenschaftliches Studienbuch. Königstein i. Ts. 1984.

Zur gattungsgeschichtlichen Einordnung

Asmuth, Bernhard: Einführung in die Dramenanalyse. Stuttgart 1980.
Freytag, Gustav: Die Technik des Dramas. Leipzig 1863.
Guthke, Karl S.: Das deutsche bürgerliche Trauerspiel. Stuttgart 1972.
Klotz, Volker: Geschlossene und offene Form im Drama. München 1969.
Rochow, Christian: Das bürgerliche Trauerspiel. Stuttgart 1999.
Wiese, Benno von: Die deutsche Tragödie von Lessing bis Hebbel. Hamburg [3]1955.

Interpretationen und Erläuterungen zu *»Emilia Galotti«*

Bauer, Gerhard: Gotthold Ephraim Lessing: *Emilia Galotti.* München 1987.

Müller, Jan-Dirk: Erläuterungen und Dokumente: Gotthold Ephraim Lessing: *Emilia Galotti.* Stuttgart 1978 [u. ö.]. (Reclams UB. 8111.)

Stahl, Ernst L.: Gotthold Ephraim Lessing: *Emilia Galotti.* In: Benno von Wiese: Das deutsche Drama I. Düsseldorf 1958.

Steinhauer, Harry: Die Schuld der Emilia Galotti. In: Jost Schillemeit (Hrsg.): Deutsche Dramen von Gryphius bis Brecht. Frankfurt a. M. 1965.

Steinmetz, Horst: *Emilia Galotti.* In: Interpretationen: Lessings Dramen. Stuttgart 1987 [u. ö.]. S. 87–137.

Anmerkungen

1 Aristoteles, *Nikomachische Ethik*, in: A., *Hauptwerke*, ausgew., übers. und eingel. von Wilhelm Nestle, Stuttgart 1953, S. 209.
2 Martin Esslin, *Was ist ein Drama? Eine Einführung*, München 1976, S. 82.
3 Ebenda, S. 83.
4 Gerhard Bauer, *Gotthold Ephraim Lessing, »Emilia Galotti«*, München 1987, S. 11.
5 Friedrich Nicolai, *Schriften*, Bd. 17, S. 133. Zitiert nach: *Erläuterungen und Dokumente, Gotthold Ephraim Lessing, »Emilia Galotti«*, hrsg. von Jan-Dirk Müller, Stuttgart 1971, S. 45.
6 Karl S. Guthke, *Das deutsche bürgerliche Trauerspiel*, Stuttgart ^{4}1972, S. 1.
7 Friedrich Schlegel, *Über Lessing*. Zitiert nach: *Erläuterungen und Dokumente, Gotthold Ephraim Lessing, »Emilia Galotti«* (Anm. 5), S. 73.
8 Gustav Freytag, *Die Technik des Dramas*, Leipzig 1863, S. 103.
9 Ebenda, S. 105.
10 Bernhard Asmuth, *Einführung in die Dramenanalyse*, Stuttgart 1980, S. 124.
11 *Lexikon der Alten Welt*, Redaktion: Klaus Bartels und Ludwig Huber, Zürich/München 1990, Spalte 2260.
12 Ebenda, Spalte 148.
13 Freytag (Anm. 8), S. 116.
14 Zitiert nach: *Erläuterungen und Dokumente, Gotthold Ephraim Lessing, »Emilia Galotti«* (Anm. 5), S. 44.
15 Ebenda, S. 44.
16 Christian Rochow, *Das bürgerliche Trauerspiel*, Stuttgart 1999, S. 49.
17 Aristoteles, *Poetik*, in: A. (Anm. 1), S. 345.
18 Zitiert nach: Rochow (Anm. 16), S. 56.
19 Zitiert nach: *Erläuterungen und Dokumente* (Anm. 5), S. 44.
20 Ebenda, S. 46.
21 Zitiert nach: Rochow (Anm. 5), S. 120.
22 Monika Fick, *Lessing-Handbuch: Leben – Werk – Wirkung*, Stuttgart/Weimar 2000, S. 318.
23 *Erläuterungen und Dokumente* (Anm. 5), S. 45.

24 Ebenda, S. 50.
25 Ebenda, S. 64.
26 Ebenda, S. 64.
27 Fick (Anm. 22), S. 322.
28 Lessing: *Epoche, Werk, Wirkung. Ein Arbeitsbuch für den literaturgeschichtlichen Unterricht* von Wilfried Barner, Gunter Grimm, Helmuth Kiesel, Martin Kramer, München 1975, S. 178.
29 Herbert A. Frenzel, *Daten deutscher Dichtung*, Köln/Berlin 1953, S. 115.
30 Wolfgang Drews, *Gotthold Ephraim Lessing in Selbstzeugnissen und Bilddokumenten*, Reinbek bei Hamburg 1962, S. 110.
31 Ebenda, S. 137.
32 *Aufklärung. Erläuterungen zur deutschen Literatur*, hrsg. vom Kollektiv für Literaturgeschichte, Berlin 1974, S. 482.
33 Gotthold Ephraim Lessing, *Werke in acht Bänden*, hrsg. von Herbert G. Göpfert, München 1973, Bd. 4, S. 233.
34 Fick (Anm. 22), S. 339.
35 Lessing, *Werke* (Anm. 33), Bd. 2, S. 707.
36 Dieter Hildebrandt, *Lessing. Biographie einer Emanzipation*, Frankfurt a. M. / Berlin / Wien 1982, S. 356.
37 *Aufklärung* (Anm. 32), S. 521.
38 Guthke (Anm. 6), S. 1.
39 *Erläuterungen und Dokumente* (Anm. 5), S. 30.
40 Horst Joachim Frank, *Geschichte des Deutschunterrichts. Von den Anfängen bis 1945*, München 1973, S. 263.
41 Rudolf Lippert, *Methodisches Handbuch der deutschen Literatur*, Leipzig 1910, S. 149.
42 Peter Jentzsch, Gotthold Ephraim Lessing, *Emilia Galotti*, Stuttgart 1984 (*Reclams Lehrpraktische Analysen*, 6), S. 2.

Lektüreschlüssel für Schüler

Andersch: *Der Vater eines Mörders*. 71 S. UB 15377
Andersch: *Sansibar oder der letzte Grund*. 96 S. UB 15311
J. Becker: *Jakob der Lügner*. 80 S. UB 15346
Ben Jelloun: *Les Raisins de la galère*. 80 S. UB 15381
Böll: *Die verlorene Ehre der Katharina Blum*. 66 S. UB 15364
Bradbury: *Fahrenheit 451*. 57 S. UB 15386
Brecht: *Der gute Mensch von Sezuan*. 96 S. UB 15375
Brecht: *Der kaukasische Kreidekreis*. 96 S. UB 15351
Brecht: *Leben des Galilei*. 91 S. UB 15320
Brecht: *Mutter Courage*. 95 S. UB 15329
Büchner: *Dantons Tod*. 96 S. UB 15344
Büchner: *Lenz*. 79 S. UB 15385
Büchner: *Leonce und Lena*. 96 S. UB 15319
Büchner: *Woyzeck*. 96 S. UB 15339
Camus: *L'Étranger*. 93 S. UB 15357
Döblin: *Berlin Alexanderplatz*. 89 S. UB 15317
Droste-Hülshoff: *Die Judenbuche*. 53 S. UB 15305
Dürrenmatt: *Der Besuch der alten Dame*. 91 S. UB 15390
Dürrenmatt: *Die Physiker*. 77 S. UB 15302
Dürrenmatt: *Der Richter und sein Henker*. 88 S. UB 15374
Eichendorff: *Aus dem Leben eines Taugenichts*. 88 S. UB 15306
Flaubert: *Madame Bovary*. 96 S. UB 15387
Fontane: *Effi Briest*. 87 S. UB 15327
Fontane: *Irrungen. Wirrungen*. 88 S. UB 15367

Fontane: *Unterm Birnbaum*. 82 S. UB 15307
Frisch: *Andorra*. 78 S. UB 15332
Frisch: *Biedermann und die Brandstifter*. 84 S. UB 15330
Frisch: *Homo faber*. 87 S. UB 15303
Goethe: *Faust I*. 69 S. UB 15301
Goethe: *Götz von Berlichingen*. 71 S. UB 15331
Goethe: *Iphigenie auf Tauris*. 72 S. UB 15350
Goethe: *Die Leiden des jungen Werther*. 75 S. UB 15312
Gotthelf: *Die schwarze Spinne*. 79 S. UB 15336
Grass: *Im Krebsgang*. 96 S. UB 15338
Grass: *Katz und Maus*. 79 S. UB 15304
Hauptmann: *Bahnwärter Thiel*. 70 S. UB 15314
Hauptmann: *Die Weber*. 91 S. UB 15368
Hebbel: *Maria Magdalena*. 83 S. UB 15361
Heine: *Deutschland. Ein Wintermärchen*. 79 S. UB 15325
Hesse: *Der Steppenwolf*. 94 S. UB 15384
Hesse: *Unterm Rad*. 96 S. UB 15340
E.T.A. Hoffmann: *Das Fräulein von Scuderi*. 74 S. UB 15321
E.T.A. Hoffmann: *Der goldne Topf*. 74 S. UB 15326
E.T.A. Hoffmann: *Der Sandmann*. 72 S. UB 15354
Hornby: *About a Boy*. 56 S. UB 15378
Horváth: *Jugend ohne Gott*. 92 S. UB 15369
Huxley: *Brave New World. Schöne neue Welt*. 79 S. UB 15366
Ibsen: *Nora (Ein Puppenheim)*. 80 S. UB 15360
Kafka: *Der Proceß*. 96 S. UB 15371
Kafka: *Die Verwandlung*. 94 S. UB 15342
Keller: *Kleider machen Leute*. 87 S. UB 15313

Keller: *Romeo und Julia auf dem Dorfe*. 87 S. UB 15324
Kleist: *Das Erdbeben in Chili*. 79 S. UB 15322
Kleist: *Die Marquise von O…* 88 S. UB 15379
Kleist: *Michael Kohlhaas*. 79 S. UB 15334
Kleist: *Der zerbrochne Krug*. 85 S. UB 15333
Lessing: *Emilia Galotti*. 93 S. UB 15318
Lessing: *Minna von Barnhelm*. 60 S. UB 15323
Lessing: *Nathan der Weise*. 96 S. UB 15316
Malle: *Au revoir, les enfants*. 77 S. UB 15382
H. Mann: *Der Untertan*. 90 S. UB 15363
Th. Mann: *Mario und der Zauberer*. 72 S. UB 15343
Th. Mann: *Der Tod in Venedig*. 96 S. UB 15358
Th. Mann: *Tonio Kröger*. 67 S. UB 15309
Musil: *Die Verwirrungen des Zöglings Törleß*. 96 S. UB 15345
Orwell: *1984*. 68 S. UB 15362
Rhue: *The Wave*. 62 S. UB 15355
Roth: *Hiob*. 96 S. UB 15376
Russell: *Educating Rita*. 72 S. UB 15389
Schiller: *Die Jungfrau von Orleans*. 88 S. UB 15380
Schiller: *Don Karlos*. 88 S. UB 15352
Schiller: *Kabale und Liebe*. 70 S. UB 15335
Schiller: *Maria Stuart*. 84 S. UB 15310
Schiller: *Die Räuber*. 90 S. UB 15328
Schiller: *Der Verbrecher aus verlorener Ehre*. 88 S. UB 15353
Schiller: *Wilhelm Tell*. 78 S. UB 15337
Schlink: *Der Vorleser*. 77 S. UB 15359
Schneider: *Schlafes Bruder*. 72 S. UB 15372

Seghers: *Der Ausflug der toten Mädchen*. 63 S. UB 15383
Shakespeare: *Romeo and Juliet*. 68 S. UB 15341
Sophokles: *Antigone*. 83 S. UB 15348
Sophokles: *König Ödipus*. 87 S. UB 15356
Storm: *Der Schimmelreiter*. 96 S. UB 15315
Süskind: *Das Parfum*. 93 S. UB 15370
Tieck: *Der blonde Eckbert*. 88 S. UB 15349
Walser: *Ein fliehendes Pferd*. 90 S. UB 15373
Wedekind: *Frühlings Erwachen*. 64 S. UB 15308
Zuckmayer: *Der Hauptmann von Köpenick*. 96 S. UB 15347
Zweig: *Schachnovelle*. 82 S. UB 15365

Reclam